하브루타야 부탁해

공감과 창의성 Jump Up 그림책 질문놀이

하브루타야 부탁해
공감과 창의성 Jump Up 그림책질문놀이

2025년 5월 9일 1판 3쇄 발행

지은이 권문정
펴낸이 조금현
펴낸곳 도서출판 산지
전화 02-6954-1272
팩스 0504-134-1294
이메일 sanjibook@hanmail.net
등록번호 제309-251002018000148호

ⓒ권문정, 2021
ISBN 979-11-91714-04-3 13590

이책은 저작권법에 따라 보호받는 저작물이므로 무단전재와 무단복제를 금지합니다.
이 책의 전부 또는 일부 내용을 재사용하려면 저작권자와 도서출판 산지의 동의를 받아야 합니다.
잘못된 책은 구입한 곳에서 바꿔드립니다.

하브루타야 부탁해

권문정 지음

공감과 창의성 Jump Up
그림책 질문놀이

산지

추 · 천 · 사

하브루타 질문법이 내 것이 되게 만들어주는 모두의 필독서

이 책은 권문정 교수님이 '나'한테 보내주는 특별한 편지처럼 매 챕터마다 호소력 있는 다음 세대 자녀교육 담론의 지침서입니다. 너무 많은 정보와 할 일로 방향을 잃은 부모와 교사에게, 어떻게 다시 충전하고, 질문으로 AI시대 핵심 요소인 공감 능력과 창의성을 길러갈지 알려주는 등대와 같은 책입니다.

권문정 교수님이 적어 놓은 첫 번째 명품은 '호기심은 질문이 되어 창의성을 길러준다'는 말입니다. 이는 흥미, 실험, 협동을 강조하는 구성주의의 핵심이기도 합니다. 그 질문은 좋은 그림책 읽기로부터 시작됩니다. 작가가 숨겨놓은 보물을 어린이들이 하브루타 짝이 되어 질문함으로, 공감 능력과 창의성을 발전시켜 나가게 합니다.

권문정 교수님의 두 번째 명품은 '질문 모형'입니다. 이는 그림책에 있는 보물을 캐는 도구 역할을 해 주어 총체적 언어교육의 방향에도 핵심이 됩니다. 이 모형은 그림책 표지 재미있게 탐색해 보는 것으로 시작해서 그림책 내용을 읽고 깊이 있게 분석하게 해줍니다. 마음 하브루타(공감), 생각 하브루타(창의), 그리고 적용 하브루타(표상과 작품 등)를 하게 하는 정확한 방향을 제시해 주고 있습니다.

또한 이 책에는 가정과 교육현장에서 그림책 하브루타를 적용하고 실천한 사례들이 수록되어 있습니다. 이에 근거해서 '나'도 내 자녀를 그림책을 읽는 뇌로 성장하게 하는 질문을 할 수 있습니다. 자신감을 가지고 실천 해 보는 '나'로 만들어 주는 실용적 부분입니다.

이 책은 유대인 문화에 뿌리를 둔 하브루타 질문 교수법이 '내 것'이 되게 만들어 줄 수 있는 우리 모두의 필독서입니다.

이경우/ 이화여자대학교 명예교수

교사이며 부모인 나에게 끊임없이 질문을 던지는 책

하브루타와 질문놀이, 공감 능력과 창의력에 대한 진정한 의미를 제시해 주는 책입니다. 또한 교사이며 부모인 나에게 끊임없이 질문을 던지는 내용입니다. 아이들을 위한 교육의 나침반이 필요한 이 시대에 딱 들어맞는 유익한 책이라고 생각합니다. 주변 사람들에게 선물하고 추천할 수 있는 책이 될 거 같아요.

이일숙/ 교과서 수록 시조 작가, 심곡초 교사

프·롤·로·그

좋은 선생님 VS 참 좋은 선생님

어린이 교육 기관에 몸담는 동안, '좋은 선생님'이 되려고 노력했습니다. 아이들을 가슴으로 품어주며, 한편 새로운 교육 프로그램과 최신 자료를 찾기에 열정을 쏟아부었습니다.

그러나 시간이 더해질수록 그저 '좋은 선생님'이란 내 만족에 머무는 듯했습니다. '참 좋은 선생님'이 되기 위해선 아이들이 행복한 교육인가를 살펴야 했습니다. 현재보다 미래의 성장에 초점을 맞춰야 했습니다. 해마다 유행처럼 소개되는 교육 프로그램으로 교사가 주도하는 교육이 아닌, 아이들 각자의 속도로 즐거운 배움이 일어나는 방법이어야 했습니다.

이렇게 '좋은 선생님'을 넘어 '참 좋은 선생님'이 되려고 고신할 때, 하브루타는 필자에게 새로운 교육의 지평을 제시해 주었습니다. 하브루타를 한국에 처음 소개한 스승께서 '기회는 준비된 자의 몫'이라는 격려와 함께 임무를 맡겨 주셨습니다.

그날부터 저는 우리나라 최초로 '유아 하브루타 연구소'의 소장이 되었습니다.

이후 10여 년 하브루타에 전념했습니다. 하브루타를 연구하고, 교육 기관에 전하고, 유아들에게 적용하는 방법을 모색했습니다. 현장에서 하브루타의 효과는 놀라웠습니다. 하브루타의 영향력을 지켜보며 비로소 '참 좋은 선생님'이 되었다는 자부심을 느꼈습니다.

2017년, 하브루타의 시작을 돕는 방법을 기록한 《하브루타 질문놀이터》를 출간했습니다.

하브루타가 널리 알려지면서 종종 걱정의 목소리가 들려왔습니다. 이론과 방향에 공감하지만 막상 가정과 교육 현장에서 적용하기가 쉽지 않다는 지적이었습니다.

"아이가 질문을 못해요."

"우리 아이는 질문을 해도 대답하기를 싫어해요."

"엄마로서 아이에게 어떤 질문을 해야될지 모르겠어요."

문제는 아이가 아닌, 어른들의 인식에 있었습니다.

아이가 질문을 못하는 것이 아니었습니다. 어른이 질문에 익숙하지 않은 것이었습니다. 아이가 대답을 못하는 것이 아니었습니다. 어른이 대답할 환경과 분위기를 만들어주지 않은 탓이었습니다.

이러한 문제를 해결할 방법은 무엇인가? 필자가 고민하여 내린 결론은 이렇습니다.

하브루타는 교육 기법이 아니다. 교육 문화로 받아들여야 한다. 기법은 개별 사안에 국한된다. 반면 문화는 삶의 전반적 영역에 관계되어 있다. 하브루타 적용이 어렵다면, 하브루타를 통해 아이의 변화와 성장을 이루고 싶다면, 기법이 아닌 문화로 접근해야 한다.

하브루타가 교육 문화로서 가정과 교육 현장에 잘 스며들기를 기원하는 심정으로 이 책을 썼습니다. 그리고 문화로 자리매김하기 위한, 세 가지 실천적 방법을 제시했습니다.

첫째, 정서와 감정을 살핌으로부터 시작되어야 합니다.

하브루타 기법을 배우는데 열심을 내기 전, 먼저 하브루타 할 수 있는 환경을 조성해야 합니다. 존중의 상호작용이 일어나야 합니다. 아이의 호기심과 궁금증을 채워주려면 먼저 부모와 교사의 에너지가 충전이 되어야 합니다. 자신의 정서와 감정을 살필 수 있어야 타인의 마음을 살필 수 있기 때문입니다. 부모로서, 교사로서 무엇을 먼저 준비할 것인지를 밝혔습니다.

둘째, 아이가 안전하다고 느껴 용기를 낼 수 있는 허용적 관계 형성이 필요합니다.

질문과 토론보다 중요한 것은 관계입니다. 하브루타가 공감 능력과 창의성을 높이는 놀라운 방법인 것은 확실합니다. 그러나 좋은 관계가 먼저 형성되지 않으면 하브루타는 이루어지지 않습니다. 어떻게 하면 좋은 관계를 먼저 만들 수 있을지에 대해서 적었습니다.

셋째, 지속 가능한 놀이 전략이 필요합니다.

아이가 집중하는 시간은 매우 짧습니다. 그러나 자유롭고 재미있다면 집중력뿐만 아니라 그 지속 시간까지 늘어날 수 있습니다. 그래서 질문놀이가 필요합니다. 질문이 놀이가 되어 경험으로 배우게 하는 방법들을 소개하였습니다.

이 세 가지가 밑거름 역할을 할 때, 그림책 질문놀이가 꽃을 피우게 됩니다.

오늘과는 다른 시대를 살아갈 아이들입니다.

AI와 공존하며, 전혀 예측할 수 없는 새로운 문제들과 전쟁을 치뤄야 합니다. 이러한 미래 사회를 살아갈 아이들에게 꼭 필요한 능력이 있습니다. 바로 공감 능력과 창의성입니다. 그림책 하브루타는 상대방의 입장이 되어 생각하고 이해하는 질문을 통해 공감 능력을 키워줍니다. 또한 이를 발전시켜 창의성을 개발시킬 수 있습니다.

저는 그 원리를 〈그림책 질문놀이가 공감 능력과 창의성에 미치는 효과(2020)〉라는 제목의 연구논문으로 검증하였습니다. 또한 이를 토대로 가정과 유아 교육 기관, 초등학교 교사 교육을 진행하였고, 현장에서 이루어지는 성공적인 적용 사례들을 확인할 수 있었습니다. 이 책에 그 경험을 바탕으로 한 실제적인 방법들을 소개하였습니다.

공립·사립 어린이집, 유치원 교사들과 부모 그리고 원장님들 또 초등학교 선생님들과 아이들을 만나 수업하고 모은 사례들을 담았습니다. 하브루타 교육 문화에 관심 있는 모든 어른들의 하브루타 질문놀이가 Jump Up 되기를 바랍니다.

하브루타 방식은 예전의 교육 방식과는 사뭇 다릅니다. 따라서 부모와 교사에게 하브루타는 당연히 익숙하지 않을 뿐더러 적용하기도 어렵습니다.

그러나 놀랍고도 한편 다행스러운 면이 있습니다. 부모라는 이름, 선생이란 이름은 좋은 것을 포기하는 법이 없습니다. 좋은 것은 배워서라도 아이에게 꼭 전하고 싶어합니다. 바로 이 점이 필자의 가슴을 뛰게 합니다. 지금 우리의 연습과 훈련이 다음 세대에게는 문화로 전해질 수 있기 때문입니다.

끝으로, 하브루타 질문놀이가 교육 문화로 자리할 수 있도록 교실과 가정에서 먼저 실천해 내고 있는 선생님들과 부모님께 감사를 전하고 싶습니다.

2021. 11. 저자 권문정

하브루타야 부탁해
차례······

1장 엄마의 하브루타 기초체력 기르기
하브루타 환경 구성

하브루타 하기 전 엄마의 에너지를 충전하세요...18
'아무거나' 말고 딱 '이거요!'라고 말하세요...29
하브루타 하기 전 관계가 먼저...35
하브루타 하기 전 기꺼이 놀이 짝꿍이 되세요...43
엄마를 위한 하브루타가 필요해...52

2장 가정과 교육 현장에 하브루타가 필요해

교육 현장에 질문이 살아나고 있다...62
유아기부터 하브루타로 길러진 아이들...70
하브루타로 조기교육 하라...75
하브루타는 AI에 대체되지 않는 인재 양성 교육...82

3장 미래 사회의 필수 역량 공감 능력과 창의성

미래 사회의 인재가 되려면 공감력을 갖춰라...90
공감 능력은 창의성을 유도한다...97
공감 하브루타는 인문학적 창의성의 토대...103
생각을 부르는 질문은 창의성의 시작...109
창의성은 타고나는 것일까?...115
호기심은 질문이 되어 창의성을 길러준다...120

4장 질문이 놀이가 되어 공감과 창의성 Jump Up

그림책은 숨겨진 창의 보물섬...128
그림책 질문놀이를 위한 독자의 10가지 권리...135
그림책 하브루타 질문 모형의 변천...141
공감 능력을 길러주는 질문놀이...152
창의성을 길러주는 그림책 질문놀이 HOW...161

5장 공감 능력과 창의성 기르는 그림책 질문놀이 6단계

1단계. 흥미 유발 하브루타/표지 읽기 질문놀이...172
2단계. 내용 이해 하브루타/내용 이해 질문놀이 삼총사...183
3단계. 공감 하브루타/마음 읽기 질문놀이 삼총사
     (상황, 감정, 표현)...192
4단계. 창의 하브루타/생각 더하기 질문놀이 오총사
     (또, 다른, 나, 왜, 만약에)...199
5단계. 적용 하브루타/실천, 적용하기 질문놀이... 212
6단계. 표현 하브루타/질문놀이를 확장하는 활동...215

6장 교실에서 이렇게
가정에서 이렇게

교실 속 하브루타 적용 사례(초등)_ 심곡초 3학년 양정화 선생님...230

가정 내 질문놀이 사례(초등)_ 엄마와 단아(초2), 친구 아민이...232

가정 내 질문놀이 사례(초등)_ 엄마와 아윤이(초2)...240

교실 속 하브루타 적용 사례(유아)_ 민선주 선생님과 만5세...245

가정 내 질문놀이 사례(유아)_ 엄마와 예나(만 5세), 예인(만 4세)... 251

1장

엄마의 하브루타
기초체력 기르기
하브루타 환경 구성

하브루타 하기 전
엄마의 에너지를
충전하세요

하브루타가 교육을 넘어 문화로 퍼지기 시작한 지 약 10여 년이 되었습니다. 초기에는 어떻게 하면 질문을 잘 뽑을지 그 기술에만 집중을 했습니다. 저도 질문의 기법, 질문의 순서를 가르치고 어떻게 확장하면 좋을지를 강의했습니다.

시간이 지나면서 현장에서의 문제점을 발견했습니다. 질문을 많이, 잘 만들 줄은 아는데 정작 아이와 하브루타가 잘 안 된다는 것이었습니다. 왜 그럴까? 그 답은 관계에 있었습니다. 아이들이 비협조적이어서 하브루타가 자연스럽게 안 되고 있는 것이었습니다.

요즘 엄마들은 육아에 대한 교육을 많이 받습니다. 육아 관련 책도 많고, 유튜브 동영상에도 좋은 내용들이 넘칩니다. 다양한 육아법을 쉽게 접할 수 있습니다. 대화법도 잘 알고 있습니다. '먹고 싶어서 그랬구나', '밀었다고 느껴서 때린 거구나'라고 아이의 마음을 읽어주려고 노력도 합니다.

그러나 아이와의 갈등 상황에서는 잘 되지 않습니다. 아이들이 엄마가 예상했던 반응을 보이지 않으면 마음을 읽어주는 대화법은 멀리 가버리게 됩니다. 결국 기분이 상한 채로 상황이 마무리되곤 하지요.

하브루타도 마찬가지입니다. 교육장에서 만난 엄마들은 하브루타 질문 기법을 배우고 연습하며 즐거워합니다. 집에 돌아가 아이와 하브루타 할 생각을 하며 의욕에 가득 차 있습니다.

집에 돌아간 엄마들은 하브루타를 적용해 아이에게 질문합니다.

"거실에서 뛰면 어떻게 될까?"

"장난감을 빼앗겼을 때 친구의 마음은 어떨까?"

유아들의 경우는 비교적 엄마의 의도대로 따라오기도 합니다. 그러나 초등학생이거나 청소년의 경우는 예상 밖의 대답이 돌아오기 일쑤입니다.

"아, 몰라."

"누가 저보고 먼저 시비를 걸으래?"

생각하고 싶지 않다는 것입니다.

왜 이런 일이 생기는 것일까요?

하브루타 할 환경이 만들어지지 않았기 때문입니다.

하브루타 환경 구성은 무엇일까요?

신학기가 되어 아이들을 맞이하는 선생님은 교실을 꾸미고 단장합니다. 봄이 되면 엄마들은 집안을 바꾸고 대청소를 합니다. 봄을 맞이하는 환경을 준비하는 것입니다. 이렇듯 낯선 하브루타 문화를 가정과 교육 현장에 정착시키려면 먼저 환경 구성이 필요합니다. 환경을 먼저 준비하고 마련해야 하는 것이지요.

그러면 하브루타를 시작하기 전에 준비해야 하는 환경 구성이라는 것은 무엇일까요?

첫째는 엄마의 에너지 충전입니다.

가끔 바쁜 일과를 보내다 보면 스마트폰 '배터리 잔여량

15%'라는 문구가 뜹니다. 사방을 둘러보며 허둥지둥 충전할 전원을 찾게 됩니다. 그게 뭐라고 왠지 모를 불안감까지 몰려드는 것을 느낄 수 있습니다. 우리나라 사람들 10명 중 9명은 같은 증세를 겪는다죠. '배터리 증후군(low battery anxiety)'이라고 한답니다. 그만큼 스마트폰은 우리 생활 곳곳에 밀접하게 관여되어 있어서 잠시라도 멈추면 불편한 일이 생기니 민감하게 배터리 양을 관리하게 되는 것입니다.

그렇다면 스마트폰보다 소중한 '나'라는 존재에 대해서는 어떻게 관리하고 있나요? 하루 중 배터리가 없다는 신호를 몇 번쯤 확인하시나요?

스마트폰에 배터리가 부족하면 이런 증상들이 나타납니다. 첫째, 화면이 흐려집니다. 둘째, 원하는 정보 검색 기능을 수행할 수 없습니다. 셋째, 그러다가 꺼져버립니다.

내 안에 에너지가 없을 때 일어나는 증세도 이와 비슷하지 않을까요? 엄마도 에너지가 없으면 첫째, 판단력이 흐려집니다. 둘째, 좋은 엄마의 기능을 수행할 수 없게 됩니다. 셋째, 그러다가 폭발하거나 포기하게 됩니다. 엄마도 자신의 감정을 컨트롤 할 수 있는 에너지가 필요합니다.

어느 날 강의를 마치고 후기를 듣는 시간이었습니다.

"나는 진짜 나쁜 엄마예요."

7살, 4살 아이를 둔 엄마가 울음을 참지 못하고 터트려 버렸습니다. 갑작스런 고백에 모두가 놀라 엄마를 바라보았습니다. 질문 많은 첫째에게 "그만 좀 물어봐"라고 오늘 하루 몇 번을 소리쳤는지 모른다고 고백하는 것이었습니다. 아이에게 미안한 엄마의 마음이 고스란히 전해졌습니다.

엄마는 아이가 미워서 그랬던 게 아닐 겁니다. 아이에게 내어줄 엄마의 에너지가 바닥나서 그런 것이지요.

"여러분은 무엇을 할 때 행복하다고 느껴지세요?"
"바쁜 일과 중 어떻게 그 시간을 만들 수 있을까요?"
"그 행복한 에너지는 어디에 쓰일까요?"

아이들과 생활하는 모든 어른들에게 묻고 싶은 질문입니다.

한 초등학교 선생님들과 《고민 해결사 펭귄 선생님》이라는 그림책으로 하브루타를 진행한 적이 있습니다. 책에서 나오는 고민들이 초등학교 교실 속 아이들의 고민인 것 같아서 정한 책이었습니다. 그런데 하브루타 후 선생님 중 한 분이 "저 펭귄

선생님 어디 살까요? 저부터 찾아가야겠어요"라고 말하는 것입니다. 선생님은 지금 에너지가 15% 남았다고 했습니다. 충전해야 한다고 표시등이 들어온 것이었습니다.

나는 언제 에너지를 받는
사람인지부터 찾아보세요

저는 사람 속에 있을 때 에너지를 받습니다. 아이들에 대한 궁금해하는 이야기를 나눌 때 에너지가 생깁니다. 저는 다시 태어나도 이 직업을 택할 것입니다. 그만큼 엄마들과 소통하며 강의하는 현재의 일이 행복합니다.

집에 가만히 혼자 있을 때보다 사람들을 만나서 맛있는 거 먹을 때 에너지를 얻습니다. 혼자 조용히 여행하는 것보다 짝꿍이랑, 혹은 친구와 함께 몰려다닐 때 에너지가 샘솟습니다.

에너지의 근원은 모두 다릅니다. 어떤 사람은 자연 속에 파묻힐 때, 어떤 사람은 노래방에 가서 큰소리로 노래할 때, 또 어떤 사람은 금요일 밤 치킨과 맥주를 한잔 할 때 에너지를 얻습니다. 모두 다른 상황에서 에너지를 받는 것입니다.

일에 모든 에너지를 쏟는 사람이 있습니다. 일에 열심을 다

하다 보니 자신을 위해서는 에너지를 남겨두지 않는 것입니다. 그러다 보면 오히려 아이와의 관계에 악영향을 미칩니다. 몸과 마음이 지쳐 있을 때는 친절한 말도 아이의 마음을 들을 여유도 생기지 않습니다.

하브루타를 하기 전에 우리의 에너지 근원을 알고, 수시로 그 에너지를 충전해야 합니다.

"누구를 위해서 그렇게 해야 할까요?"라고 엄마들에게 물어봅니다. 대부분 "나를 위해서요"라고 대답하죠. 그러나 한국 엄마들의 공통적 정서는 자신만을 위해 무엇인가를 하는 것이 쉽지 않습니다. 그래서 저는 단서를 하나 더 붙입니다. "아이와 가족들의 안녕을 위해서 자신을 돌보세요"라고 말합니다. 엄마가 자신을 위하는 것이 곧 아이와 가족을 위하는 것이기 때문입니다.

이제 실천에 옮기기 위해서는 계획을 구체적으로 세우는 것이 좋습니다.

'일주일에 하루, 수요일은 나를 위해 쓰겠다.'

'한 달에 10만 원은 온전히 나를 위해 사용하겠다.'

시간과 장소, 대상과 비용까지 구체적으로 정해둡니다. 비록 정확히 지키지 못할지라도 그렇게 할 때 자신을 위해 비워둔 시간을 즐길 확률이 높아집니다.

그럴 시간이 어디 있느냐고 항변하고 싶은 사람도 있을 것입니다. 아이 돌보느라 하루 24시간이 빠듯하다고. 그러나 시간은 있는 것이 아니고 만드는 것입니다. 우선순위를 두면 시간은 만들어집니다.

엄마의 에너지 충전을 위해 육아공동체를 만드세요

저는 감사하게도 친정 부모님이 곁에 계셔서 남매를 키우는 내내 공동육아를 해주셨습니다. 나중에야 알았지요. 제가 얼마나 특혜를 받은 엄마인지 말입니다.

혼자 육아를 감당하다 보면 엄마의 에너지는 쉽게 바닥이 납니다. 오죽하면 '독박육아'라는 말이 있겠습니까. 육아에 독박이란 말을 붙인 것은 혼자서 육아를 감당한다는 것보다 더 큰 의미가 있는 것이지요. 에너지가 고갈될 때까지 힘들고 어려운 육아를 혼자서 하고 있다는 말입니다.

이 글을 읽는 아빠들 중 억울하신 분들도 계실 겁니다. 요즘 어린이집에서는 울음이 터질 때 엄마 대신 "아빠~"를 부르며 우는 친구들도 여럿이라고 들었습니다. 독박육아가 엄마들만이 처하는 상황은 아니라는 뜻이지요.

어른들의 도움을 받지 못한다면, 주변의 또래 육아 가정과 육아공동체를 이루는 것도 방법입니다. 엄마의 에너지 충전을 위해 육아의 경험과 도움을 주고받을 수 있는 이웃을 만드는 것은 매우 중요합니다. 아이의 발달 과정에서 공통 관심사를 나누며 공유할 사람이 있다면 육아는 훨씬 쉬워집니다. 급한 볼일이나 도움의 손길이 필요할 때 친지나 이웃이 있다면 에너지가 소진되는 것을 막을 수 있습니다.

성격이 내향적이어서 사람들과 사귀는 게 힘든 성격일 수도 있습니다. 그러나 아이의 또래 관계성을 키워주기 위해서라도 힘써 사귀어야 합니다.

아이와 같은 교육 기관에 다니는 친구의 가정이면 좋습니다. 가까워야 급한 일이 생길 때 빠른 도움을 받을 수 있기 때문입니다. 또한 또래의 발달에 관한 공통사를 함께 공유할 수 있기에 좋습니다. 집 근처 가까이 살면서 조금 큰 아이가 있는 집이면 더욱 좋습니다. 큰아이를 키워 본 경험이 있는 선배 엄마에게 도움을 받을 수 있고, 나이 차이가 나는 아이들은 동생들과 놀아줄 수 있으니 여러모로 좋습니다.

전략적으로 이웃을 사귀는 것은 아니지만 육아기에는 공통

관심사를 갖는 또래 엄마끼리 친구가 되는 것이 서로에게 도움이 됩니다.

아이들이 여섯 살 무렵 만나 초등 3학년이 되기까지 하브루타 하며 만나는 엄마들을 알고 있습니다. '일산 흑룡맘스' 라는 모임인데 산후조리원 동기 모임입니다. 사는 곳도 가깝고 아이들의 나이도 같으니 많은 것들을 공유하고 도우며 함께 키워가는 모습이 무척 좋아 보입니다.

그중 가장 좋은 점은 아이들이 어릴 때부터 보고 자랐기 때문에 서로 다른 집에 사는 형제, 자매 같다는 것입니다. 말 그대로 진짜 이웃사촌들입니다. 엄마가 아프거나 급하게 장례식장 같은 곳을 가야할 일이 생기면 서로 돌봐주고, 부득이한 경우 그 집에서 잠을 자는 일도 자연스럽습니다. 아빠가 바쁘더라도 엄마들끼리 각자의 강점을 살려 아이들을 데리고 지방으로 여행을 다니는 것도 보았습니다.

이러한 육아 공동체는 엄마의 에너지를 충전하는 데 도움이 됩니다. 즐거운 일은 함께하면 더 즐거워지고, 힘든 일은 서로 나누면 반이 되기 때문입니다.

엄마가 지치면 하브루타를 할 수 없습니다. 엄마가 정서적으로 고갈되면 아이의 정서를 받아주지 못합니다. 또한 육체적으로 힘들어지면 신체 움직임이 많은 자녀와 함께 있는 시간이 버거워집니다. 먼저 자신을 돌보고, 정서적, 육체적 에너지를 충전하는 것은 하브루타를 위한 환경을 구성하는 것입니다. 아이의 마음을 들어주고, 아이의 생각에 북돋움을 더할 엄마의 에너지가 필요한 것입니다.

'아무거나' 말고
딱 '이거요!'
라고 말하세요

"제일 좋아하는 음식이 뭐예요?"

누군가 물어볼 때 저는 주저없이 말합니다.

"떡볶이요."

저는 어른이 되었어도 떡볶이를 좋아합니다. 전국에 강의를 다니면서 맛있어 보이는 떡볶이집을 만나면 꼭 한 번 들어가서 먹어봅니다. 밀가루 떡의 식감, 적당한 가격, 그리고 허기를 빨리 달랠 수 있다는 떡볶이만의 매력이 있지요.

제가 또 하나의 직업을 갖는다면, 초등학교 앞에서 떡볶이가게를 하고 싶습니다. 우선 네 가지 맛 기본 떡볶이를 만들 것입니다. 카레맛, 까르보나라맛, 매운맛, 짜장맛……. 옛날부터 생각했는데 어느새 시판이 다 되어버렸네요. 이젠 미소된장맛, 알리오올리오맛 떡볶이도 상상해봅니다. 용기도 네 칸으로 나눠서 골라 담아 먹을 수 있도록 할 거예요. 소스를 더 개발해서 다양한 맛의 떡볶이로 '떡볶이 백화점'을 운영해 보고 싶답니다.

"엄마, 뭐 먹고 싶어요? 제가 사드릴게요."
그러나 저는 이다음에 아이들이 엄마에게 이렇게 물어올 때 떡볶이라고 말하지 않을 겁니다. 그날을 대비해 다른 메뉴를 하나 생각해두었습니다. 연어 스테이크입니다. 대외용 메뉴이죠. 아이들이 엄마를 소중히 대접해주기를 바라는 마음으로 말입니다.

내가 나를 소중히 대할 때
아이들도 엄마를 소중히 대합니다

"아무거나 다 좋아."
이 말 만큼 자신에 대해 무관심한 말이 있을까요.

"난 내가 뭘 좋아하는지 몰라, 그냥 주는 대로 아무거나 먹을게."

이렇게 말하는 것입니다.

좋아하는 음식이 없는 사람은 없을 것입니다. 어느 순간부터 잊어버리고 살게 된 이유가 있는 거라고 생각합니다. 그런 분에게 저는 '나이가 많아서 늙는 게 아니라 좋아하는 음식이 없어지면 늙는 거'라고 말해주곤 합니다.

이것은 자신을 쉽게 대접하는 것입니다. 내가 뭘 좋아하는지, 뭘 먹고 싶은지 생각해본 적이 없기 때문입니다. 성격이 좋아서 그런 걸까요? 입맛이 까다롭지 않아서일까요?

오히려 자신에게 무관심한 결과일 수 있습니다. 깊이 생각해보지 않은 것입니다. 내가 뭘 좋아하는지, 뭘 먹을 때 에너지가 충전되고 행복해지는지 고민하지 않은 결과입니다.

물론 어느 순간 나보다는 아이들이 소중하고, 가족이 우선이 된 이유도 있을 것입니다. 시간적으로 경제적으로 나를 챙길 여유가 없었을 수도 있습니다.

그러나 내가 나에게 관심이 있고, 나를 소중히 대할 때 아이도 엄마를 소중히 대합니다. 평소 '아무거나 다 좋아, 아무거나 먹자'라고 말하던 엄마에게 성장한 자녀가 정말 아무거나 사준다면 기분이 어떨까요? 속으로 서운할 것입니다. 그러나 그것은 엄마가 스스로를 그렇게 대했기 때문에 가져온 결과입니다.

엄마는 집 안을 밝고 따뜻하게 비춰주는 '안해'입니다

강의 중에 엄마들에게 자신이 좋아하는 음식을 찾도록 했습니다. 한 엄마가 말했습니다.

"저는 면과 맥주를 좋아해요. 그리고 대외용 음식을 뽑자면 '부처스컵 드라이에이징 스테이크'예요."

구체적이고도 평범하지 않은 음식에 우리는 모두 탄성을 지르며 환호했습니다. 매번 비싼 음식을 먹을 수는 없더라도 기분이 가라앉을 때, 에너지가 없을 때 기분 전환이 될 수 있습니다. 그러나 자신이 뭘 좋아하는지 알지 못하면 할 수 없는 일이지요.

매일 반복되는 아이들과의 일상, 짜증 내고 징징대고 떼쓰고 고집부리는 아이에게 예쁘게 대화하고, 질문으로 하브루타 하려면 엄마의 에너지가 필요합니다.

아무거나 먹고, 아무거나 입고, 내가 누구인지, 내가 언제 충

하브루타
하기 전
관계가 먼저

하브루타의 시작은 질문으로부터 시작됩니다. 그러나 모든 사람에게 질문의 답을 들을 수는 없습니다.

동네 엄마들 모임에서 옆 동에 이사 왔다는 아이 엄마가 묻습니다.

"안녕하세요 언니. 저 옆 동에 이사온 사람이에요. 그런데 언니 집은 몇 평이세요?"

뭐라고? 우리 집이 몇 평인 건 왜 물어? 이런 예의 없는 여자 같으니라구…….

겉으로 말하지는 않았지만 엄청 불쾌하고 화가 날 것입니다.

왜 화가 날까요?

그 엄마와 나는 그런 대화를 주고받을 관계가 형성되지 않았기 때문입니다.

똑같은 질문을 친한 친구에게 들었다면 어떨까요? 두 번 생각하지 않고 대답했을 것입니다. 나를 알고, 내 상황을 아는 친구니까 기분 상할 일도 없습니다.

관계는 그런 것입니다. 같은 말을 해도 어떤 관계가 형성되어 있는가에 따라 다르게 전달됩니다. 이처럼 하브루타 하기 전 서로 마음을 여는 관계를 형성하는 것이 중요합니다.

하브루타 하기 전에
대화하고 싶은 환경을 만드세요

"선생님 저는 하브루타를 하고 싶은데 아이들하고 대화가 안 돼요."

이렇게 하소연하는 엄마들을 자주 만납니다. 엄마가 질문하면 아이의 대답이 간명하다고 합니다. "몰라", "다 좋았어" 이게 전부랍니다. 그러니 하브루타를 할 수 없다는 것입니다. 무엇이 잘못된 걸까요.

초등학생 딸을 둔 엄마가 하소연을 했습니다. 아이를 학원에 데려다주는 시간이 엄마와 딸이 유일하게 소통하는 시간이라고 합니다. 엄마는 학교 앞에 가서 기다리다가 아이를 태우고 학원으로 갑니다. 왕복하면 한 시간쯤 걸리는데 그 시간에 대화를 하려고 하지만 아이는 차 안에서 내내 웹툰만 보고 있습니다. 참다못한 엄마가 말했습니다

"엄마가 너를 위해서 시간을 빼서 이렇게 오는데 이 시간만큼은 웹툰 보지 말고 엄마와 대화했으면 좋겠어. 엄마는 너랑 얘기하고 싶고 친해지고 싶어."

그러자 아이가 알겠어, 하고는 핸드폰을 집어넣었습니다.

엄마는 열심히 질문을 했습니다.

"오늘은 학교에서 어땠어?"

"좋았어."

"뭐가 좋았어?"

"다."

"어떤 시간이 재미있었어?"

"다."

"친구랑 별일은 없었어?"

"별일 없었어."

엄마는 아이와 대화가 진행이 안 된다고, 딸아이가 왜 그러는지 모르겠다고 답답해 했습니다.

엄마에게 물었습니다.

"어머니는 누구랑 이야기할 때 재미있어요?"

"친구지요."

"그 친구랑 얘기할 때 왜 재미있어요?"

"코드가 잘 맞기 때문이죠."

"그럼 따님은 엄마와의 대화에 왜 대답이 짧을까요?"

"……."

딸과 대화를 하려면 엄마는 어떤 이야기로 시작하면 좋을까요?

아이의 상황을 헤아려 봅시다. 종일 짜여진 수업에 끌려다니다 이제 막 탈출했는데 엄마는 계속 학교에 대한 질문을 하고 있습니다. 딸의 현재 관심사는 무엇일까요? 좋아하는 웹툰을 보기 시작한 아이를 엄마가 계속 방해하고 있는 것입니다. 엄마와 딸아이는 현재 코드가 안 맞는 것입니다.

아이가 집중하는 웹툰에 관한 이야기를 소재로 대화했으면 어땠을까요? 무엇을 위한, 누구를 위한 대화인지, 생각해야 할 것입니다.

하브루타가 중요한 것이 아닙니다. 하브루타 대화를 하고 싶은 환경을 먼저 만드는 것이 중요합니다. 아이의 입장과 감정을 생각하는 배려가 있어야 하브루타 대화가 가능해집니다.

프로야구를 1도 모르는 저는
아들을 따라 '손아섭 홈런'을 외칩니다

우리 집 첫째가 고등학생이 되었을 때, 처음으로 '엄마 진심으로 감사드려요'라는 깊은 감사 인사를 받았던 기억이 납니다.

두 아이는 프로야구 롯데의 팬입니다. 저는 야구를 모르고, 사람들이 왜 더운데 야구장에 가서 열광하는지 이해를 못 하는 사람입니다. 솔직히 우리나라와 다른 나라가 경기를 한다면 응원도 하겠지만 아무 연고도 없는 팀을 왜 그렇게 열심히 응원하는지 그 문화에 젖지 못하는 1인입니다.

그런데 내 아이가 롯데를 좋아하니 저에게도 이유가 생긴 것입니다. 그 아이와 친해지려면, 그 아이가 좋아한다면 내가 롯데에 관심을 가져야 하는 것이지요. 그래서 인천에서 경기를 할 때 야구장을 몇 번 따라갔습니다. 부산갈매기 응원가를 따라 부르고 노래에 맞춰 춤도 췄습니다. '손아섭 홈런, 손아섭 홈런' 아이를 따라 외치기도 했지요.

그렇게 했더니 아이가 꼭, 한 번 홈구장인 사직구장에 가서 롯데를 응원하고 싶다는 겁니다. 아이의 간곡함에 우리는 부산까지 갔습니다. 단지 롯데 야구팀을 응원하는 것이 이번 부산 방문의 목적이었습니다.

경기장 입구는 진풍경이었습니다. 홈구장이다 보니 다들 유니폼을 맞춰 입었더라구요. 아이들이 유니폼을 갖고 싶다고 하는데 그 값이 제 기준엔 너무 비쌌습니다. 그러나 어쩌겠습니까. "딱 한 번 뿐이야"라고 약속을 하며 아이들에게 하나씩 사 줬지요. 그러자 아들이 "엄마, 진심으로 감사드려요"라고 말하는 것이었습니다. 그 말이 얼마나 진실한지 제 마음에 와서 박혔습니다.

자기가 원하던 거 고르고 골라 생일 선물을 사줘도 '엄마 고마워요', '엄마 땡큐'라고 짧은 문자로 끝내던 아들이 마음을 담아 감사하다고 말하는 거였습니다. 그날의 뿌듯함을 이루 말할 수 없습니다. 저는 지금도 롯데기 인천에 올 때마다 '손아섭 홈런'을 외치고 각 선수의 응원구와 율동을 따라 합니다. 어느새 애쓰는 게 아니라 그 문화에 젖어 들고 있습니다.

감사한 것은 엄마가 아들의 관심사에 함께 했더니 그 아들도 엄마의 관심사에 함께 동행한다는 것입니다. 그래서 가끔 저자 특강을 함께 듣거나 장거리 강의를 갈 때 함께 가주기도 합니다.

공부를 해서라도
아이의 관심사를 따라가야 합니다

아이와 대화하기 위해서 엄마는 아이의 관심사에 들어가야 합니다. 관심 없고 모르는 분야라면 공부를 해서라도 알아야 합니다. 내 아이의 관심사를 무시하고 내가 하고 싶은 말만 하면 아이와 소통할 수 없습니다. 엄마의 모든 말은 잔소리가 되고, 자연히 아이들의 대답은 단답형이 되는 것입니다.

"우리 엄마는 평생 틀린 말을 한 번도 한 적이 없어요. 근데요, 엄마랑만 얘기하면 빡쳐요."

슬프게도, 가까운 중학생 아이들이 하는 말입니다.

하브루타를 하려면 먼저 아이와 대화할 환경을 만들어야 합니다. 그것은 엄마와 아이의 관계입니다. 좋은 관계를 만들어놓지 않는다면 아이와 어떠한 대화도 나눌 수 없습니다.

아무리 좋은 씨앗도 땅이 나쁘면 싹을 틔우지 못하는 법입니다. 하브루타가 씨앗이라면 아이와의 좋은 관계는 좋은 땅입니다. 좋은 관계를 먼저 만들어 놓아야 하브루타가 꽃을 피울 것입니다.

하브루타 하기 전
기꺼이
놀이 짝꿍이 되세요

"어른들에게 놀이는 여가를 의미하지만 아이들에게 놀이는 직업에 가깝다."

로렌스 J. 코헨은 이렇게 말했습니다.

놀이는 아이들의 본능이라고 했습니다. 만약 놀이를 거부하거나 놀 줄 모르는 아이가 있다면 이는 일을 할 수 없거나 말을 하지 않는 어른처럼 심각한 고통에 시달리고 있는 증거라고 말했습니다.

코헨이 놀이를 직업이라고 표현한 이유는 뭘까요?

어른이 직업을 가지면 먼저 숙련된 역할과 기능을 가지게 됩니다. 직업을 통해 성숙해져 가는 것입니다. 직장 내에서 사람들과 관계를 맺습니다. 관계를 배우고 그 안에서 성장해 가는 것이지요.

또한 직업은 성인이 되어 살아가는 데 반드시 필요한, 생존과 연관된 이슈이기도 합니다. 직업이 없이는 삶을 유지하기 어렵습니다.

이러한 직업의 특징을 놀이에 빗대어 볼 때, 놀이는 아이들에게 그만큼 심오한 의미를 내포하고 있다는 말이 됩니다. 아이들은 놀이를 통해 세상을 사는 데 필요한 모든 것을 배웁니다. 역할과 기능, 관계를 배울 뿐 아니라 놀이 없이는 활기차게 살아갈 수 없다는 말이 됩니다.

그러나 아이들은 이런 것들을 배우기 위해 노는 것이 아닙니다. 아이들은 그저 즐거움을 따라 놀이를 합니다. 재미는 아이들 세계에서 없어서는 안 되는 공기 같은 것입니다. 아이들을 움직이는 가장 강력한 힘은 바로 재미인 것이지요.

그런 의미에서 놀이 싹눙저럼 재미있는 엄마를 가진 아이는 행운아입니다. 즐거운 엄마는 집안을 밝게 하고, 아이를 행복하게 합니다. 아이와 재미있게 놀 줄 아는 엄마는 이미 아이의 마음 밭에 즐거움이라는 씨앗을 심어준 것과 같습니다.

이 씨앗은 자라서 나무가 되고 열매를 맺게 됩니다. 긍정적인 마인드를 가지게 될 것이고, 친구와 좋은 관계를 맺게 될 것입니다. 실망할지언정 절망하지 않고, 다시 도전하는 사람이 될 것입니다. 엄마가 만들어낸 재미와 즐거움이 아이에게 긍정성을 심어주기 때문입니다.

노력해서라도 재미있는 엄마가 되세요

아이와의 놀이 현장에서 무척 진지한 엄마들을 보게 됩니다.

웃음기 없는 얼굴, 무미건조한 말투, 피곤한 표정, 멍한 시선……. 심지어 짜증 섞인 말로 아이를 긴장시키기도 합니다. 참으로 안타까운 풍경입니다. 재미가 빠진 놀이라니…….

재미에 대해 말하고 나면 어려워하는 엄마들이 있습니다.

"전 성격이 원래 그래요. 유머 있는 사람이 부러워요."

"아이와 재미있게 노는 건 너무 어려워요. 어떻게 놀아줘야 할지 모르겠어요."

"아이와 재미있게 놀려고 하니 에너지가 딸려요."

엄마들의 호소입니다.

어떤 엄마에겐 재미있게 노는 것이 어렵습니다. 특별한 노력을 기울여야 합니다. 재미있는 엄마가 되려면 무서운 엄마가 될 때보다 훨씬 더 많은 에너지를 써야만 합니다.

그러나 아이를 웃기는 엄마가 되면 육아는 의외로 쉬워집니다.

"멸치부대가 입 속으로 들어갑니다."
"적이 따라옵니다. 빨리 입을 벌리세요. 입 속에 숨겨주세요."

밥을 먹지 않는 아이에게 빨리 먹으라고 소리를 질러도 소용이 없습니다. 이럴 때 재미를 이용하면 식사 시간은 놀이가 됩니다.

아침 시간 꾸물거리는 아이에게 서두르라고 소리 지르기보다는 역할놀이로 또는 과장된 몸짓으로 재미있게 말한다면 오히려 효과적입니다.

저는 아이들이 어릴 적에 즐겨 부르던 동요 "바둑이 멍멍, 고양이 야옹, 멍멍멍 야옹"으로 아이의 몸을 간질이곤 했습니다. 바둑이와 고양이 역할을 나누고 노래에 그 이름이 나올 때마다 소리와 동작을 흉내 내는 것입니다. 그러다가 마지막 가사 '그만둡시다'가 나올 때 간지럼을 태우는, 우리 집에서 만든 놀이입니다. 그럴 때마다 아이들은 깔깔대고 웃으며 저를 피해 도망 다니곤 했습니다. 고등학생이 된 아들은 "이제 간지럼 안 타거든요" 하면서 점잖은 척하다가도 "멍멍멍 야옹" 하는 손가락 움직임에 결국은 웃음보따리가 터지고 맙니다.

아이와 함께 웃는 일이 몇 번이나 있으신가요?

아이와 함께 장난치고, 깔깔대며 노는 일이 하루에 몇 번이나 있나요?

아이와 함께 깔깔대며 웃을 때 두 사람은 통하는 사이가 됩니다. 즐거움을 공유한 사이가 되는 것입니다. 진지하게 대화할 때 통하는 것이 아닙니다. 장난치며 웃고, 즐거워할 때 정서가 공유되고 친해지는 것입니다.

아이와 친해져야 하브루타를 할 수 있습니다. 친하지 않은데 자꾸 질문을 하면 아이는 답을 피합니다. 마음에서 거부합니다. 아이와 하브루타 하기 전에 먼저 친해져야 합니다. 아이를 웃기는 엄마, 재미있는 엄마가 하브루타 엄마입니다.

케롤라인 베리 화이트라는 선생님이 있습니다. 선생님의 반에는 43명의 아이들이 있습니다. 그런데 등교하는 아이들과 선생님이 나누는 인사가 다 다릅니다. 한 아이와는 주먹과 주먹을 맞대는 방법으로 인사를 합니다. 두 번째 아이와는 엉덩이를 부딪칩니다. 어떤 아이는 옷을 확 벗었다가 입기도 합니다. 43명의 아이와 선생님이 만나는 방법은 이렇게 다양합니다.

44번째 아이가 있었습니다. 그 아이는 다른 반에서 수업하는 아이였습니다. 그 아이는 케롤라인 선생님과 인사를 하고 자기 반 수업에 가느라 매번 지각을 하지만 이 시간을 포기하지 않습니다.

이러한 특별한 인사법 때문에 아이들이 선생님을 너무 좋아한다고 기사에 쓰여 있었습니다. 참 좋은 선생님이시죠. 43명의 아이들과 각각 특별한 관계를 맺고 있는 것입니다.

둘만의 은밀한 사인을 주고받는 특별한 관계. 아이들은 선생님을 생각하면 그 시그니처를 기억하게 될 것입니다. 시그니처를 주고받으며 보았던 선생님의 웃음, 눈빛 그리고 둘만이 공유했던 따뜻한 사랑을 떠올리게 될 것입니다.

엄마와 자녀가 공유하는 비밀이
특별한 관계를 만들어줍니다

여러분은 자녀와 어떤 특별한 관계를 맺고 있나요? 어떤 시그니처를 공유하고 있나요?

자녀가 두 명 이상이 되면 엄마들의 고민은 대부분 비슷합니다.

"아이들이 자주 싸우고, 서로 미워하고, 엄마에게 와서 이르는데 왜 그럴까요? 이럴 때 어떻게 해야 할까요?"

엄마들은 대부분 재판관이 되어 잘잘못을 알려주고 중재를 합니다. 억지 화해도 시킵니다. 그러나 잠시뿐, 이러한 일들은 매일 매일 반복되지요.

자녀들이 서로 미워하고 사이가 좋지 않은 이유는 대부분 부모의 편애에 원인이 있습니다. 엄마가 나보다 동생을, 혹은 언니를 더 사랑하는 거 같아서 질투가 나는 것입니다. 그래서 동생이 혹은 언니가 얄밉고 싫은 것입니다. 이럴 때 저는 엄마가 두 아이와 각각 특별한 관계를 맺을 것을 조언합니다. 각각의 아이와 특별한 시간을 갖고 사랑을 확인시켜 주는 것입니다.

특별한 시그니처를 만들면 둘만의 애착관계가 더욱 견고해

질 수 있습니다. 가령 이런 것입니다. 아이의 손바닥에 하트 모양을 그려줍니다.

"이것은 엄마의 마음이고, 우리끼리만 아는 암호야."

엄마와 아이는 둘 사이의 약속을 정합니다. 어느 날 둘째가 울어서 안고 달래주고 있는데 큰아이가 질투 가득한 눈으로 쳐다보고 있습니다. 그럴 때 엄마는 손바닥에 하트를 그려 애착의 시그니처를 큰아이에게 보냅니다. 그것을 알아들은 아이는 웃으며 고개를 끄덕입니다. 엄마가 동생을 안아줘도 질투가 생기지 않습니다. 엄마가 여전히 자신을 사랑한다는 것을 확인했기 때문입니다.

애착 시그니처는 특별한 관계를 만들어줍니다. 비밀을 공유하는 관계인 것입니다.

캐롤라인 선생님의 반 아이들은 선생님과 각각 특별한 관계를 형성했습니다. 나를 특별히 사랑해주는 선생님에게 협조하고 싶어집니다. 선생님의 말을 잘 따를 수밖에 없습니다.

하브루타를 시작하기 전에 먼저 아이와 특별한 관계를 만드는 것이 중요합니다. 한 예로 애착 시그니처를 갖는다면 엄마와 아이는 더욱 친해질 수 있습니다.

엄마의 말을 따르고 협조하고 싶은 마음이 생길 때 하브루타를 시작할 준비가 되는 것입니다. 특별한 관계, 함께 웃고 비밀을 나누고 마음을 공유하는 사이가 되어야 멋진 하브루타가 가능해집니다.

엄마를 위한
하브루타가
필요해

아들이 회장 선거에 출마했다가 낙선을 했습니다. 학교 추천을 받았고, 친구들의 지지도 있어 도전했는데, 득표수가 기대에 미치지 못했습니다. 집으로 돌아온 아들은 실망이 너무 컸습니다.

"무모한 도전이었어요. 나는 진정한 루저여요. 다시는 이런 도전은 하지 않을 거예요."

친구들에게 서운함을 느낀다고 했습니다.

"네가 회장이건 아니건 중요하지 않아, 도전한 것만으로도 이미 대단해. 엄마는 네가 괜찮으면 괜찮아."

제가 할 수 있는 최선의 위로였습니다.

"난 안 괜찮아요. 혼자 있고 싶어요. 나가주세요."

난생 처음으로 괜찮아라는 말이 얼마나 힘이 없는 말인지를 느꼈습니다. 뭐가 괜찮은가, 정작 본인은 괜찮지가 않은데…….

더 이상 뭐라고 위로를 하고 격려해 줄 수 있을지 알 수가 없었습니다.

다음 날 아이가 선거에서 떨어지고 처음으로 학교 교문을 통과해야 하는 그날 아침에, 저는 진주에 강의가 있어 아이보다 일찍 집을 나서야 했습니다. 실패감에 젖어있는 아이를 놔두고 비행기를 타야 하는 저의 마음이 한없이 무너졌습니다.

착잡한 마음으로 비행기에 올랐습니다. 내 아이는 누구를 닮아 도전하고 누군가 이끌기를 좋아하는 걸까? 뜻대로 되지 않을 때 크게 노여워하는 걸 보면 욕망이 너무 큰 건 아닐까? 걱정과 함께 원망도 살짝 올라오기 시작했습니다.

마음을 달래보려고 파커 J. 파머의 책을 집어 들었습니다. 《삶이 내게 말을 걸어올 때》라는 책이었습니다. 책 속의 글귀들이 저에게 와서 박혔습니다. 그가 손녀에게 남기는 메시지가 제 마음을 두드리기 시작했습니다.

'사람은 모두 자기의 본모습 참자아를 가지고 있다. 그걸 모르는 사람은 인생을 허비한다. 나는 내가 누구인지, 무엇을 좋아하는지, 잘하는지를 몰라 생애 절반을 허송세월했다. 내 손녀야, 내가 너의 어린 시절 본성을 있는 그대로 다 기록을 해 놓을 테니 너는 빨리 자신을 발견하고 너의 본연의 모습대로 살아가기를 바란다.'

대략 그런 이야기였습니다. 저는 생각하게 되었습니다. 부모가 할 일은 아이에게 더 좋은 것을 넣어주고, 더 많은 것을 가르쳐주려고 하는 게 아니라 아이의 본성이 깨지지 않게 지켜주는 것이라는 것을.

'내 아이의 본성은 뭐지?'

'내 아이의 본성을 대하는 내 마음은 뭐지?'

저는 혼자 하브루타 하고 있었습니다.

'너는 왜 자꾸 나서서 마음 다치고, 온 가족을 침울하게 만드니'라는 생각이 내 속에 있었습니다. 겉으로는 지지하면서 깊은 곳에서는 온전히 이해하지 못했던 아이의 본성에 대해 다시 생각하게 되었습니다.

내 아이에게는 누군가를 리드해서 옳다고 여기는 곳으로 끌고 가는 리더십이 왕성하게 들어있는 거였습니다. 그걸 가지고 태어난 아이였습니다. 그 본성이 한 번 상처받고, 두 번 상처받으면서 이제는 깨어지려고 하고 있었던 것입니다.

괜찮지 않다고 말하는 아들에게 위로해 줄 말을 찾지 못했던 나였는데 하브루타 하면서 할 말을 정리했습니다. 아이에게 메시지를 보냈습니다.

아들아, 너희 학교에서는 이미 두 명이 리더를 뽑았어. 그런데 누 냉에겐 역할이 있었어. 한 명은 당선되었을 때 어떤 역할을 해야 하는지를 보여주는 리더십이고, 한 명은 당선되지 않을 때 어떤 역할을 해야 하는지를 보여주는 리더십이야.
물론 각자가 원하는 역할은 있었겠지. 하지만 인생을 살아가는 데 있어서 어떤 역할이 더 중요하다고 말할 수 있을까? 그것에 대해 생각해본다면 오늘 아침에 들어가는 교문이 훨씬 더 가벼워질 거야. 그리고, 너와 함께 팀을 꾸렸던 캠프의 친구들에게 응원과 격려를 네가 했으면 좋겠어.
어깨 딱 펴고, 진정한 리더의 모습을 보여줘. 멋진 뿜뿜!!

비행기에서 내리자마자 전송을 하고 공항을 빠져나오는데 아이에게 답장이 왔습니다.

'엄마, 정말 사랑해요. 진주 안전히 잘 다녀오세요.'

제가 보낸 메시지에 대한 대답은 한 마디도 없었는데, 전 아이의 마음을 느낄 수 있었습니다. 엄마의 마음이 전달되었다는 확신이 들었습니다.

저는 새롭게 알게 되었습니다. 아이가 괜찮으면 엄마도 괜찮은 거라고 생각했었습니다. 그런데 아니었습니다. 엄마가 괜찮으면 아이가 괜찮은 거였습니다. 내 마음이 회복되고 괜찮아지니까 아이도 힘을 얻는 것이 느껴졌습니다.

'내 아이는 선거에서 떨어진 게 아니고, 원치는 않았지만 주어진 역할 중에 조연이라는 역할을 맡아서 그 역할대로 잘 감당을 한 거야.'

이렇게 마음을 정리하니 내 스스로가 당당해졌고, 그 마음이 아이에게도 전달되는 것이 느껴졌습니다.

엄마의 마음이 중요합니다. 엄마가 중심을 잡고, 엄마가 에너지를 받고, 문제를 문제로 바라보지 않을 때 아이는 건강해실 수 있습니다.

가벼운 마음으로 강의를 마치고 돌아오며 아침 일을 떠올렸습니다. 나 스스로가 기특했습니다. 아이의 마음에 가서 닿는 말로 위로할 수 있었던 내가 되었습니다.

나를 먼저 성숙시킨 하브루타

나에게 이런 힘을 길러준 것은 무엇이었을까.

하브루타였습니다.

텍스트를 읽고 질문을 떠올리며 해결점을 찾아 나섰던 무수한 시간들이 나에게 생각의 힘을 길러 주었던 것입니다.

'이 글은 무엇을 말하는 걸까?'

'이런 문제는 어떻게 해결하면 좋을까?'

늘 질문하며 생각하고 나눴던 훈련의 시간들이, 아이가 가장 힘든 순간에 어떤 격려와 위로를 주어야 할까를 떠올리게 하는 길라잡이가 되어준 것입니다.

아이를 위해 하브루타 하기 전에 먼저 엄마 자신을 위해 하브루타 해야 하는 이유입니다.

하브루타는 단순한 기법이 아닙니다. 아이에게 상상력과 창의성을 길러주기 위해 적용해야 하는 기법이 아닌 것입니다. 몇 가지 기법을 배워서 아이의 사고력을 키워줄 생각으로 하브루타를 대한다면 큰 오산입니다. 아이에게 하브루타는 절대로 잘 되지 않습니다.

위에서 말했듯이 하브루타를 잘하기 위해서는 엄마의 에너지도 필요하고, 아이와의 좋은 관계도 전제되어야 합니다. 환경 구성이 필요한 것입니다.

더 중요한 것은 이것입니다
엄마의 성장

아이와 부딪히는 상황들은 매번 다릅니다. 수만 가지의 상황에서 아이들과 소통해야 합니다. 정답이 없습니다. 유치원에서 친구의 볼을 꼬집고 돌아온 아이에게 어떻게 말해줘야 할지, 친구와 섞이지 못하고 놀지 못하는 아이에게는 어떻게 해줘야 할지, 나의 경우처럼 위로와 격려가 필요한 아이에게 어떻게 말해줘야 할지…….

정답은 없습니다. 그럴 때 현명한 대처를 하기 위해서는 엄마의 지혜가 필요하고 사고력이 필요합니다. 저는 하브루타가 저에게 이러한 힘을 길러줬다고 확신합니다.

하브루타를 알고 난 후 습관적으로 질문을 하고, 질문에 답을 찾으면서 나의 사고력은 넓어졌고 아이의 마음을 들여다보는 힘이 생겼던 것입니다. 아이와의 소통이 원활해졌고, 아이가 무슨 말이든 숨김없이 의논하는 대상이 될 수 있었습니다.

나는 내 아이가 청소년기를 지나면서는 어떤 일들을 만날지, 청년의 때에는 또 어떤 이야기를 가져다줄지 기다려집니다. 함께 생각하고 대화하며 지내온 시간들이 이런 기대감으로 가득하게 합니다.

하브루타는 자기 내면을 들여다보는 도구입니다. 자기를 성장시키는 힘입니다. 질문을 통해 자신을 돌아보고, 사고의 폭을 넓혀나갈 때 아이를 진정으로 깊게 이해할 수 있게 됩니다. 엄마가 먼저 생각하는 힘을 기를 때 아이와의 소통이 이루어지며 좋은 관계가 형성됩니다.

엄마의 성장을 위해 엄마에게도 하브루타 짝꿍과의 지속적인 만남이 필요합니다. 제가 그림책 하브루타 교육을 지속적으로 하는 이유이기도 합니다.

2장

가정과 교육 현장에 하브루타가 필요해

교육 현장에
질문이
살아나고 있다

유아교육 누리 과정을 개정하면서 일상이 놀이가 되게 하는 방침이 발표되었습니다. 일상생활과 놀이 속에서의 통합교육이 유아교육의 기본 성격이 되는 것입니다. 일상과 놀이가 통합된다는 건 어떤 의미일까요?

한 아이가 등원하면서 달팽이를 가지고 왔습니다.

"선생님 달팽이 보세요. 제가 데리고 왔어요."

친구들이 몰려와 묻습니다.

아이들: 선생님, 얘는 어디서 왔어요?

선생님: 어디서 왔을까?

아이들: 달팽이 집은 어디예요?

선생님: 달팽이 집은 어디일까? 달팽이가 어떻게 생겼는지 보면 알 수 있을 거야.

아이들: 얘는 등에 딱딱한 집이 있어요.

선생님: 달팽이는 등에 집이 있구나.

아이들: 꾸물꾸물 움직이요. 얘는 뭘 먹어요?

선생님: 달팽이는 무엇을 먹을까?

아이들: 입이 작으니까 작은 것 먹을 거 같아요. 부드러운 걸 먹을 거야.

아이들: 그럼 선생님 우리가 기른 상추 줘요.

선생님: 그럴 수 있겠다. 또 뭘 주면 좋을까?

선생님은 아이가 일상에서 가져온 관심거리를 하브루타 하며 학습의 현장으로 가져옵니다. 한참 후 아이들이 말했습니다.

아이들: 얘 친구들은 어디 있어요? 엄마는 어디 있어요?

선생님: 그러게, 어디 있을까? 어디서 데리고 왔니? 우리 한 번 가

볼까?

아이들은 함께 가보자고 합니다. 마침 원 앞마당이라서 달팽이를 발견한 곳으로 함께 갑니다.

아이들: 선생님, 달팽이 친구도 엄마도 없는데요?
선생님: 그래, 어떻게 하면 좋을까?
아이들: 엄마 아빠를 찾아갈 수 있도록 보내줘요.
아이들: 엄마 아빠가 기다리니까 보내줘요.

아이들은 같은 생각을 말했습니다.
아이들은 "우리 또 만나자" 하며 달팽이를 놓아줍니다. 생명존중을 저절로 경험하게 되겠죠. 선생님은 교실로 돌아와 《달팽이 찰리에겐 새집이 필요해》라는 그림책을 보여줍니다. 일상생활의 이슈가 놀이로 연결되도록 그림책 질문놀이를 제안합니다.
이느 날 달팽이 찰리와 친구들이 달리기 시합을 하는데 누군가 찰리의 집을 밟고 맙니다. 추운 겨울이 다가오기 전 찰리의 집을 찾기 위해 친구들이 고군분투하는 이야기입니다.

"달팽이 찰리의 집을 어떻게 만들면 좋을까?"

선생님은 아이들에게 질문을 하며 다양한 집을 소개합니다. 그리고 어떤 집이 적당할지 토론하고, 실제로 만들어 보기도 합니다.

일상생활이 놀이가 되고
배움으로 연결되어야 합니다

이것이 현재 유아교육 현장의 하브루타 수업입니다. 길에서 들고 온 달팽이는 아이의 관심의 대상입니다. 그 관심거리로부터 놀이는 시작됩니다. 달팽이에 대해 알아보고 달팽이를 향한 아이들의 마음을 자연스럽게 교육적 가치와 연결합니다. 친구와 가족을 생각하고, 조심스럽게 달팽이를 놓아주기까지, 아이들은 자연스럽게 공감과 생명의 소중함을 경험합니다. 게다가 그림책 활동으로 주제를 연결하면서 창의성까지 끌어올리는 교육으로 이끌어가게 됩니다.

일상생활이 놀이가 되고 교육이 되는 통합교육의 목표가 달성되는 것입니다. 하브루타는 유아 중심, 놀이 중심의 유아교육 목표에 가장 적합한 교육 모형입니다. 현재 이러한 하브루타 수업은 어린이집과 유치원 곳곳에서 진행되고 있습니다.

그동안의 학교 교육은 가르치는 사람이 주도하는 형태였습니다. 선생님이 수업을 설계하고 아이들은 받아들이는 입장이었지요. 그러나 이러한 교육 형태가 미래 사회의 인재 양성에 적합하지 않다는 것이 밝혀졌습니다. 교육의 형태에 변화가 필요하다는 인식이 확산되었고, 새로운 방향도 정해졌습니다. 질문과 토론식 수업이 학교 현장에서도 적용되기 시작했습니다. 아직 갈 길이 멀어 보이긴 합니다.

아이의 감정과 정서 발달
물어봐주면 됩니다

초등학교 선생님들에게 아이들이 입학할 때 사전에 뭘 준비하면 좋은지를 물었습니다.

"수 50까지 못 세도 되고, 한글 몰라도 돼요. 말할 수만 있으면 됩니다. '화장실 가고 싶어요. 나 친구가 때려서 슬퍼요. 나 그만 먹고 싶어요' 이런 말 할 줄 아는 아이들로 만들어서 보내주면 좋겠어요."

숫자와 한글 익히는 것보다 더 중요한 것이 자기 감정을 알고 표현하는 것이라고 합니다.

문득 궁금해집니다. 화장실 가고 싶고, 나 지금 속상하다는 말을 하는 건 저절로 되는 거 아닌가? 선생님들은 왜 그걸 그렇게 특별한 것처럼 말했을까?

맞습니다. 자신의 감정과 생각을 말하는 건 자연스러운 현상입니다. 그런데 왜 이런 기본적인 것들이 길러지지 않았을까요?

아무도 물어봐주지 않았기 때문입니다.

동생이 생기는 큰아이에게 기분이 어떤지, 어떤 생각이 드는지 엄마는 물어보지 않습니다. 단지 "동생에게 그러면 안 돼, 형이니까 양보해야지, 동생을 잘 돌봐주렴"이라고 엄마 생각을 말할 뿐입니다.

아이는 엄마의 사랑과 관심을 가져가는 동생이 얄미운데 말할 수 없으니 답답합니다. 엄마에게 짜증을 내고 동생을 꼬집을 수밖에 없죠.

요즘 들어서야 우리는 감정과 정서가 중요하다는 것을 인식하기 시작했습니다. 학교에서 배운 원소기호보다 감정을 표현하고 소통하는 것이 인생에서 훨씬 더 중요하다는 것을 깨닫기 시작했습니다. 그래서 이제야 초등학교 교과서에서 그림책을 통해 감정을 느끼고 표현하는 것에 대해 가르치기 시작했습니다. 초등학교 2학년 1학기 국어 교과서에는 《오늘 내 기분은》이라는 그림책의 내용 일부분이 인용되고 있습니다 .

"동생이 생긴다는 건 어떤 기분일까?"
-동생이 생긴다는 건 행복해. 새 자전거를 선물받은 것처럼 말이야.
-동생이 생긴다는 건 우리 언니가 상을 받고 칭찬을 받을 때처럼 질투가 날지도 몰라.
-동생이 생긴다는 건 질투도 나고 무섭기도 하고 슬프기도 하고 화도 나.
-아, 동생이 생긴다는 건 이 모든 감정을 합한 거구나.

대략 이러한 내용으로 전개가 됩니다. 아이들에게 감정에 대해 가르치고 훈련 시키려는 노력이 담겨있습니다. 감정 훈련, 정서 훈련이 미래의 핵심 인재, 소통하는 인재의 역량이라는 것을 인식했기 때문입니다.

초등학교 3학년이 되면 교과 과정에 질문 만들기가 등장합니다.

'이야기를 읽고 친구에게 묻고 싶은 것은 무엇입니까?'
'내용에서 답을 찾을 수 없는 질문을 만드세요.'
'내용에서 답을 찾을 수 있는 질문을 만드세요.'

질문을 듣고 질문에 답하며 성장한 아이들에게는 이런 과정이 매우 쉽습니다. 훈련이 되어 있기 때문입니다.

반대로 질문을 만들어보지도, 질문에 답해보지도 않은 아이라면 어떨까요. 무척 당황스러울 것입니다. 또 하나의 문제를 풀어야 하는 느낌일 것입니다.

중학교 고등학교는 아직까지 입시를 대비하는 학습이 중요합니다. 그래서 과감하게 교육의 형태를 바꾸지는 못하는 모습입니다. 그러나 질문과 토론의 학습법은 점차 비중이 높아지고 있습니다.

질문과 토론은 뇌를 활성화하고 창의적인 사고를 확장시킵니다. 자기 주도성이 높아질 뿐 아니라 진취적인 사고와 행동을 하게 됩니다. 미래에는 지식을 통합하여 새로운 창조물을 만들어내는 능력이 필요합니다. 그런 능력은 질문과 토론을 통해 길러지지요. 어릴 때부터 하브루타로 교육하는 것이 필요한 이유입니다.

유아기부터
하브루타로
길러진 아이들

학교 교육 과정의 변화는 분명 반가운 일입니다. 그러나 학교에서 가르치는 교육만으로 감정과 생각의 표현이 자유롭게 이루어질 수 있을까요?

가정에서 더 많은 시간 아이와 대화하는 엄마가 감정과 생각 표현 훈련을 해야 합니다. 아이와 하브루타를 해야 하는 것입니다.

중학생이 되고 고등학생이 된 아이에게 어느 날 갑자기 하브루타를 한다고 생각해보세요.

학교에서 돌아온 아이가 집에 들어오면서 하나씩 벗어던집니다. 가방은 거실 소파에, 양말은 바닥에, 윗도리는 식탁에 벗어놓더니 바지는 방바닥에 허물 벗듯 벗어던지고는 침대에 눕습니다.

이를 본 엄마가 하브루타로 질문합니다.

"자기 물건을 제 자리에 두지 않으면 어떻게 될까?"

"함께 쓰는 공간에 물건을 늘어놓으면 기분이 어떨까?"

아이의 반응은 불 보듯 뻔합니다.

"아, 알겠어요. 조금 있다가 치울 거예요."

"그런 말로 하지 마세요. 그냥 치우라고 하세요."

유아기부터 훈련되지 않으면 일상에서 하브루타로 대화하기는 쉽지 않습니다. 특히 일상 하브루타의 경우는 더욱 그렇지요.

유치원에서 만난 5세 남자아이가 말했습니다.

"선생님, 친구가 혓바닥을 이렇게 내밀면 뭐라고 말해야 되는지 알아요?"

"뭐라고 말해야 하는데?"

"친구가 혓바닥을 이렇게 내밀면 때리거나 밀지 말고 '네가 그렇게 하면 내 기분이 나빠'라고 얘기해야 되는 거예요."

이 아이는 할머니가 키우고 있었습니다. 할머니가 그렇게 가르친 것입니다.

친구가 혓바닥을 내밀며 놀린다고 할머니에게 말했을 때, 할머니는 먼저 아이에게 기분을 물었겠죠. 하브루타로 질문한 것입니다.

"너의 기분이 어땠어?"

"화가 나요."

"친구에게 어떻게 하고 싶은데?"

"때려주고 싶어요."

"때려주면 친구는 어떨까?"

"아프고 화가 나겠죠."

"둘이 다 화가 나지 않으려면 어떻게 하면 좋을까?"

"내가 기분이 나쁘니까 하지 말라고 말해줘야겠어요."

할머니는 하브루타를 배우지 않았지만 하브루타를 하고 있었던 것입니다. 질문으로 아이의 생각을 확장하고 스스로 결론을 얻어갈 수 있도록 놔두었습니다. 할머니의 일방적인 훈계나 가르침이었다면 아이는 그렇게 선명하게 기억할 수 없었을 것입니다. 자기 스스로 얻은 결론이었기에 아이는 그 말을 기억하고 실천할 수 있는 것입니다.

하브루타로 질문하고
스스로 답한 아이는 책임도 집니다

아이의 피부가 아토피여서 안쓰럽다는 한 엄마가 하브루타 교육에 참여했습니다. 아토피에 좋은 음식만 골라서 먹이려고 하지만 협조적이지 않은 아이 때문에 자주 충돌이 일어난다고 했습니다. 엄마는 아이와 하브루타로 대화한 이후의 변화에 대해 나누어 주었습니다.

아토피가 왜 생기는지, 어떻게 해야 하는지를 잔소리처럼 설명했던 엄마가 하루는 하브루타 질문으로 아이와 대화했다고 합니다.

"아토피는 왜 생기는 걸까?"

엄마에게 무수히 들었던 아이는 답을 술술 말했습니다.

"과자를 많이 먹고, 피자를 많이 먹어서 생기는 거예요."

"그럼 아토피가 생기지 않으려면 어떻게 해야 할까?"

"과자를 많이 안 먹어야죠."

"그럼 다음 주에 유치원에서 동물원 가잖아. 간식을 뭘 싸가면 좋을까?"

"방울토마토랑 포도랑 가져가야죠."

"아, 그렇구나. 그럼 엄마가 방울토마토랑 포도를 간식으로 싸주면 될까?"

예전 같으면 과자나 초콜릿, 젤리를 가져가겠다고 떼를 썼을 것입니다. 그러나 아이는 자신이 말했기 때문에 불평 없이 엄마가 싸준 과일을 들고 소풍을 다녀왔다고 합니다.

이것이 하브루타의 힘입니다. 질문으로 생각하게 하고 답을 찾도록 합니다.

누구나 스스로 생각하고 결정한 일에 대해서는 책임감을 가지고 행동으로 옮기게 됩니다. 이것이 사고력이고 주도성입니다. 올바른 판단을 하고 소신 있게 행동하려면 생각하는 능력이 있어야 합니다. 아이들의 생각을 존중하고, 스스로 생각하고 답을 찾아가는 훈련이 필요합니다.

그것이 바로 하브루타입니다. 질문으로 사고의 폭을 넓혀줍니다. 스스로 생각하고 행동하는 훈련이 되는 것입니다. 어려서부터 하브루타를 통해 성장해야 하는 이유입니다.

하브루타로 조기교육 하라

"언제부터 아이와 하브루타를 시작하면 좋은가요?"

하브루타를 시작하는 적기에 대해 물어보는 엄마들이 종종 있습니다. 저는 태중에서부터라고 대답합니다. 알아듣지도 못하는 태중의 아기와 하브루타를? 하고 의심스러운 눈빛으로 바라보는 엄마들도 있습니다.

태중에 소중한 아이를 품고 있는 엄마들 100명을 대상으로 하브루타 교육을 한 적이 있습니다. 그들은 모두 눈이 반짝반짝 빛났습니다. 내 아이를 잘 키우고자 하는 의지가 불타고 있었습니다. 아직 아기는 태어나지도 않았는데 웬일일까요?

어떤 일을 처음 시작할 때 우리는 가장 뜨겁고 열정적입니다. 각오도 새롭게 다집니다. 이처럼 부모가 되는 순간에는 잘해보겠다는 의지가 강합니다. 그럴 때 하브루타로 아이와 교감하는 법을 연습하면 매우 좋습니다. 아이를 키우다가 말이나 태도를 바꾸려면 어렵습니다. 시작할 때부터 올바르게 소통하는 법을 익혀두면 습관이 되어 좋은 부모가 될 수 있습니다.

태중의 아기가 듣고 있다고 생각하면서 하브루타를 합니다.

"아가야, 오늘은 뭐가 먹고 싶어?"

"우리는 오늘 뭘 하면 즐거울까?"

질문하고 대답한 것이 습관의 시작이 됩니다. 어떻게 질문할 것인지, 무엇을 질문할 것인지 연습하는 것입니다.

아기에게 질문하면서 내 마음의 소리를 들어봅니다. 아기와의 하브루타는 곧 자신을 돌보고 자신을 소중히 여기는 과정이기도 합니다. 태교 때부터 하브루타를 한다면 좋은 부모가 되는 준비 과정이 될 뿐 아니라 엄마와 아기의 관계 형성에도 좋은 출발이 됩니다.

태중에서부터 시작하고
걸음마기에도 하브루타 해요

아기가 태어나고 걸음마를 시작하는 시기가 되면 어떨까요?

아기가 하는 말은 제한적이고, 엄마의 에너지를 가장 많이 소진시키는 시기입니다. 하브루타는커녕 여기저기 넘어뜨리고 어지르는 아이를 따라다니기도 바쁩니다. 말도 안 통하고, 고집은 세지고, 이래저래 엄마는 지치고 힘든 시기입니다.

이때도 하브루타 할 수 있을까요?

그럴수록 하브루타가 필요합니다.

하브루타는 엄마가 아이에게만 질문하는 것이 아닙니다. 엄마는 먼저 자기 스스로에게도 질문합니다.

"나는 오늘 언제 가장 힘들었을까? 언제 행복했지?"

"오늘 내 아이가 사랑스러웠던 점은 무엇이었을까?"

"오늘 나에게 해주고 싶은 한마디는 무엇일까?"

지치고 힘들수록 자신에게 질문하면서 스스로를 위로해 줄 수 있다면 다시 힘을 얻을 수 있습니다. 하루종일 아이를 따라다니느라 미처 생각하지 못했던 내 아이의 사랑스러운 면을 떠올리면 힘든 하루를 미소지으며 마무리 할 수 있습니다. 이럴 때 하브루타는 엄마에게 에너지 충전소가 되어 줄 것입니다.

아이에게도 하브루타 합니다.

"아가야, 엄마에게 하고 싶은 말이 뭐야?"

"엄마가 어떻게 해줬으면 좋겠어?"

아이에게 질문하지만 엄마는 마음속으로 대답을 합니다. 아이와 교감하는 것입니다.

또한 아이는 엄마의 질문을 들으며 엄마의 사랑과 존중을 느낍니다. 일방적인 지시나 설명이 아닌 질문은 아이에게 존중의 의미로 다가옵니다. 아이는 점점 엄마의 말에 협조하고 부합하는 행동을 하게 됩니다. 영아기부터 질문으로 대화하는 하브루타를 한다면 엄마와 아이의 관계는 점점 더 단단해지게 되는 것이죠.

아이가 말을 시작하기도 전에 항상 질문으로 말해왔던 엄마가 있었습니다. 아이가 말을 배우고 문장으로 말을 하게 되었습니다. 신기한 것은 아이가 모든 말을 질문형으로 하고 있다는 것입니다.

"엄마, 맘마 주세요"가 아니라 "엄마, 맘마 먹을까?"

"이제 그만 나갈래"가 아니라 "이제 그만 나갈까?"

이렇게 말하는 것입니다.

할머니 집에 가자고 울면서 "할머니 집에 갈까. 할머니 집에 갈까"라고 말했다고 해서 웃은 적이 있습니다.

엄마가 항상 하브루타로 아이와 대화했기 때문에 말을 시작한 아이는 엄마에게 들은 대로 질문형으로 말했던 것입니다. 모든 말은 그렇게 하는 거라고 생각했던 모양입니다. 이 아이는 떼를 쓰거나 화를 내는 일이 거의 없습니다. 엄마가 아이에게 하브루타로 말했기 때문에 존중받은 아이는 엄마에게 매우 호의적입니다.

말을 하지 못하는 영아기에도 하브루타가 필요한 이유입니다.

하브루타로 조기교육하면
청소년기도 쉬워져요

요즘은 아빠들이 육아에 참여하는 경우가 점점 더 많아집니다. 참 좋은 모습입니다. 그런데 아빠들은 어떻게 아이를 돌봐야 하는지, 어떻게 놀아줘야 하는 건지 알지를 못합니다. 엄마들보다 더 정보가 없는 것이 당연하지요. 아빠들이 하브루타를 배워 아이와 대화한다면 질적으로 풍성한 대화를 나눌 수가 있습니다. 아빠 육아의 고충은 다 해결되는 거지요.

이렇게 태중에서부터 시작해 영아기를 거치면 유아기에는 하브루타 하기 좀 더 쉬워집니다. 그림책을 보기 시작하면 그림책 하브루타, 일상생활에서는 일상 하브루타, 여행을 가면 여행 하브루타 등 하브루타로 대화하면 되니까요.

그러나 아이들이 자라서 청소년기가 되면 하브루타 대화하기가 어려워집니다. 아이들이 부모와 대화하기를 꺼리고, 또 시간적으로도 바빠지게 되니까요. 그럴 때는 아이를 학원에 데려다 주는 시간, 함께 움직이는 시간 등 둘만 있는 시간을 활용해야 합니다.

아이와 대화할 시간이 부족하다 보니 엄마들은 마음이 급해집니다. 그 시간을 틈타 하고 싶은 말이 너무 많은 것이죠. 주의해야 할 일, 당부해야 할 일, 미처 전달하지 못한 이야기 등등. 그러나 그것은 엄마에게 주어진 황금 같은 시간을 허비하는 것입니다. 오히려 그 짧은 시간 동안 하브루타 한다면 부모 자녀 관계는 더욱 좋아질 것입니다.

아이의 마음을 묻고, 아이의 상황을 살피고, 힘든 점은 무엇인지, 요즘 고민은 무엇인지, 질문으로 대화한다면 아이는 엄마에 대한 신뢰감이 더욱 깊어질 것입니다.

엄마의 일방적인 지시나 당부로 아이의 입을 다물게 하지 마세요. 짧은 시간이지만 하브루타로 대화할 때 아이들이 더 성장하고 성숙하게 됩니다.

이처럼 하브루타는 엄마에게도 아이에게도 필요합니다. 태중의 아기 때부터 전 연령의 성장 과정에서 하브루타로 대화한다면 아이들은 사고력이 발달하고, 스스로 올바른 판단을 하며, 주도적으로 성장하게 될 것입니다.

엄마는 아이에게 질문하며 기다려주게 되고, 자신에게 질문하며 스스로를 돌아보고 다스리며 성숙해가게 됩니다. 더 좋은 부모가 되는 답이기도 합니다.

하브루타는
AI에 대체되지 않는
인재 양성 교육

최근 인공지능 시대를 대비하여 하버드 대학교에서 교육개혁을 단행했습니다. 하버드 의대와 경영대학원에서 그동안 추구해왔던 지식 교육을 버리고 공감 능력과 창조적 상상력을 기르는 교육으로 형태를 바꾼 것입니다. 교과서와 강의가 사라진 플립러닝이 교육개혁의 핵심이라고 합니다.

그러면 학생들은 수업 시간에 무엇을 할까요? 토론을 합니다. 이것은 새로운 것이 아닙니다. 하버드내학에서 토론식 수업을 한다는 것은 이전부터 알려진 바입니다.

그런데 이 토론이 이전의 토론과 다릅니다. 그동안 해왔던 논쟁 위주의 토론이 아닙니다. 공감 능력을 기르기 위한 목적으로 이루어지는 대화 위주의 토론이라는 것입니다.

"내가 만일 이곳의 책임자라면 어떻게 할 것인가?"

"그 환자는 어떤 마음에서 그런 행동을 했을까?"

세계 최고의 석학들이 모여서 고작 이런 질문에 대한 토론을 하고 있다고?

그렇습니다.

최근 베스트셀러로 떠오른 《인공지능에게 대체되지 않는 나를 만드는 법, 에이트》의 저자 이지성은 인공지능에게 대체되지 않는 사람이 되는 비결은 공감 능력과 창의성을 갖추는 것이라고 말했습니다.

그는 인공지능이 상용화되는 세상이 생각보다 빨리 올 것이고, 그렇게 되면 인간은 인공지능을 지배하는 사람과 지배당하며 사는 사람 두 종류로 나뉠 것이라고 전망했습니다. 그래서 가장 앞서가는 실리콘밸리에서는 이를 대비한 교육을 진행하고 있다고 합니다.

그런데 그 교육방법이 아이러니합니다. 정작 인공지능을 연구하고 개발해온 실리콘밸리의 가정과 학교, 기업에는 IT 기기가 없다고 합니다.

빌 게이츠는 자녀들에게 14년간 IT 기기를 금지했다고 합니다. 세계적인 IT 평론가인 크리스 앤더슨도 자녀들의 IT 기기 사용을 엄격하게 제한했습니다. 페이스북 공동창업자인 숀 파커도, 트위터와 블로그 공동창업자 에번 윌리암스도 집에는 IT 기기가 없다고 합니다.

이들은 모두 종이에 메모를 하고 거대한 서재에서 책을 꺼내 읽는 아날로그주의자들인 것입니다. 그 이유는 무엇일까요?

인공지능을 지배하는 인간이 갖추어야 할 것이 무엇인지 그들은 알고 있기 때문입니다.

기계에 종속되어 인간 고유의 능력인 공감 능력과 창조적 상상력을 상실한 사람은 인공지능에 대체됩니다. 그렇기 때문에 정작 인공지능을 개발하는 사람들은 오히려 아날로그적 삶을 살고 있는 것입니다.

철학과 문학을 공부하고, 자신의 자녀들에게 IT 기기를 차단하며 오히려 아날로그적인 환경에서 자라게 하고 있습니다. 지식을 습득하는 교육을 시키지 않고, 생각하고 토론하며 공감을 배우는 교육을 시키고 있는 것입니다. 왜냐하면, 그것이 인공지능을 지배하며 살아야 할 미래의 인재를 만들어주기 때문입니다.

하버드대학교에서 강의를 폐지하고 공감 능력과 창의성을 기르는 토론식 수업을 도입한 이유이기도 합니다.

하브루타는 왜 미래를 준비하는
교육일까요?

현재의 대한민국 교육 풍토 아래서 아이들의 미래를 위해 우리는 어떻게 할까요? 미래 사회에 필요한 역량인 공감과 창의성을 길러주기 위해 우리는 무엇을 해야 할까가 숙제로 남습니다.

우리는 아직 인공지능 시대를 대비하는 교육을 할 수 없습니다. 그것이 무엇인지 알지도 못합니다. 그렇다고 실리콘밸리에서 하는 것처럼 학교 공부를 포기하고 자유롭게 탐구하도록 둘 수는 없습니다. IT 기기를 모두 차단시키고 책만 읽힐 수도 없습니다.

그러면 어떻게 해야 할까요?

가능하면 스마트기기에 빠지도록 방치하지 말고, 관계 가운데서 공감을 배우도록 해야 합니다. 친구들과 뛰어놀 수 있는 기회와 공간을 제공해야 합니다. 자연스럽게 상대의 입장을 생각하고 배울 수 있도록 말입니다.

또한 함께 대화하며 토론하는 기회를 제공해 주어야 합니다. 상대의 생각을 듣고 자신의 생각을 말할 수 있도록 해야 합니다. 그 생각을 모아 더 좋은 방법을 창조해낼 수 있어야 합니다.

하브루타는 짝을 지어 토론합니다. 잘하는 아이만 발표하는 것이 아닙니다. 어느 누구 하나 토론의 자리에서 소외되지 않습니다. 짝과 함께 이야기하니 누구라도 자신의 생각을 말하게 됩니다.

상대의 이야기를 들으면서 공감력을 향상시킵니다. 내 이야기를 들어주는 짝을 보며 관계 속에서 공감을 경험합니다.

짝의 의견을 들으면서 거기서 한 걸음 더 나아가 자신의 생각을 발전시키게 됩니다. 두 사람은 토론을 통해 새로운 해결 방법을 찾아내기도 합니다. 창조적 상상력을 발휘합니다. 공감과 더불어 창의성이 개발되는 것입니다.

"너라면 어떤 마음이 들었을까?"
"네가 책 속 주인공이었다면 어떻게 했을 거 같아?"

이러한 질문을 통해 아이들은 공감을 연습할 수 있습니다. 책 속 인물이 되어서 생각해 보고 간접 경험을 하는 것입니다.

공감을 하다 보면 새로운 측면이 보입니다.

새로운 해결책도 생각하게 되고, 짝과 혹은 엄마와 토론을 하면서 이전에 생각하지 못했던 혁신적인 방법을 창조할 수 있습니다.

하브루타는 인공지능과 맞서 살아갈 아이들의 미래를 열어가는 가장 적절한 도구입니다.

실리콘밸리의 어느 학교는 소수의 학생만 받아서 인공지능 시대를 대비하는 교육을 하고 있다고 합니다. 그 학교의 학비는 10주에 3천만 원 정도입니다.

우리는 그런 교육을 할 수 없습니다. 돈 안 들이고도 가정에서 부모가 할 수 있는 창의성 교육은, 질문으로 하는 놀이, 바로 하브루타입니다.

이제부터 저는 미래를 준비하는 우리 아이들을 위해 교육기관에서 그리고 가정에서 어떻게 공감과 창의성을 올려주는 교육을 할 수 있을지 소개해보려고 합니다.

3장

미래 사회의 필수 역량
공감 능력과 창의성

미래 사회의
인재가 되려면
공감력을 갖춰라

4차 산업혁명 시대라고 합니다. AI의 등장, 빅데이터, 사물인터넷 등등 우리에게는 꽤나 생소한 용어들이 등장합니다. 우리 아이들이 로봇과 경쟁하는 시대에 살게 된다는 사실이 아직까지 엄마들은 잘 실감되지 않습니다.

그래서 엄마들은 불안합니다. 우리 아이를 경쟁력을 갖춘 미래 인재로 만들기 위해 무엇을 해줘야 할지 알지 못하기 때문입니다. 예전과는 다르게 교육을 해야 한다고 하는데 뭘 어떻게 해야 할지 몰라 허둥지둥하고 있습니다.

미래 사회에 우리 아이들에게 필요한 것은 무엇일까요? 한마디로 말하면 로봇이 할 수 없는 일을 하는 능력입니다. 인간만이 가질 수 있는 소양을 갖추고, 인간만이 할 수 있는 일을 하는 것입니다.

그럼 인간만이 가지는 소양은 무엇일까요? 인간만이 할 수 있는 일은 무엇일까요?

현재 우리 아이들이 가장 열심히 배우고 학습하는 것들은 머지않아 AI에게 그 역할을 내주게 될 것입니다. 많은 정보와 지식의 암기 및 활용은 인간보다 기계가 훨씬 정확하고 빠를 테니까요. 그러나 AI 로봇들이 판단할 수 없는 영역들이 있습니다. 바로 인간의 감정과 이를 바탕으로 하는 창의적인 생각들이죠. 결국 AI 로봇을 지배하고 활용할 수 있는 능력이 되겠죠.

인간만이 가질 수 있는 소양 중 하나가 공감 능력입니다.

미래의 경쟁력을 갖춘 아이가 되는데 공감력을 길러야 한다고? 언뜻 연관성을 이해하기 어려울 수 있습니다. 그러나 공감은 인간이 인간답게 살아가기 위해 필요한 요소입니다. 기술이 발전할수록, AI가 인간의 역할을 대신하는 사회가 다가올수록 더욱더 필요해집니다. 공감은 인간과 로봇이 다른 이유이기 때문입니다.

'아이 로봇'이라는 영화가 있습니다.

소녀와 주인공 남자가 물에 빠졌습니다. AI가 이들을 구하러 왔습니다. 주인공 남자는 AI 로봇에게 소녀를 구하라고 소리쳤지만 로봇은 주인공 남자를 건져냅니다. 데이터에 의하면 남자는 생존가능성이 45%였고, 소녀는 11%였기 때문입니다. 남자는 소녀보다 더 건강하고 사용가치가 있습니다. 효용가치가 높은 사람을 살려야 한다면 소녀보다는 남자를 살리는 게 맞습니다. AI는 데이터에 따라 선택을 했을 뿐입니다.

인간이라면 어떻게 했을까요. 소녀를 물에서 먼저 건져냈을 겁니다. 왜냐하면 소녀는 힘이 없고 연약하기 때문입니다.

약한 자를 먼저 돌보는 것이 참된 가치인 것을 AI는 알 수 없습니다. 실용적인 면에서는 쓸모 있고, 유용한 것을 선택하는 것이 더 가치 있는 일이기 때문입니다. 이러한 가치의 차이를 AI는 장착할 수 없는 것입니다.

데이터에 의해 움직이는 AI와 인간의 차이는 어디서 출발할까요?

바로 공감입니다.

공감 능력은 왜
미래 사회에 꼭 필요할까요?

인간이 인간을 공감하고, 인간으로서의 가치를 지켜나갈 때 미래 사회가 존재합니다. 놀라운 기술력으로 완벽한 인공지능 드론을 개발했다고 가정을 해봅시다. 드론은 사람이 들어가기 힘든 자연재해 지역에 투입되어 식량을 공급할 수도 있고, 곤경에 처한 사람을 구조할 수도 있습니다. 사막처럼 교통수단이 미흡한 곳에 물건을 배달해줄 수도 있습니다. 인간의 편리함을 위해 활용될 수 있는 훌륭한 도구가 될 것입니다.

그러나 이것이 공감력 없는 사람의 손에 들어갔다고 상상해 봅시다. 어떤 일이 일어날까요?

영화에서처럼 세상을 정복하는데 사용될 수 있습니다. 무기를 장착해 사람을 공격할 수도 있고, 세균을 살포해 도시를 전멸시킬 수도 있습니다. 첨단의 기술이 발달할수록 오히려 공감으로 비롯되는 인간성이 더욱 필요한 이유입니다.

최근 사회적으로 공감이라는 용어가 급격히 강조되는 분위기입니다. 모든 분야에서 공감을 외칩니다. 왜 그럴까요?

과거에는 공감을 외치지 않아도 공감이 사회 전반에서 이루어지는 데 아무 문제가 없었습니다. 아이들은 마을 공터에 나가 놀면서 친구들과 협조하고 어울리는 것을 배웠습니다. 때로는 싸우고 때로는 양보하면서 서로의 입장을 생각하고 공감을 배웠습니다. 엄마에게 꾸중을 들으면 할머니에게 위로를 받을 수 있었고, 동네 어르신에게 칭찬도 듣고 인정을 받기도 했습니다. 어울려 살던 시절에는 공감이 사회적인 화두로 등장할 이유가 없었지요.

공감을 경험하기 힘든
사회의 우리 아이들

요즘은 어떤가요.

코로나 19는 세기를 넘어서도 잊지 못할 충격적인 사건으로 기억될 것입니다. 제주의 한 국제 학교에서 있었던 일입니다. 필자의 가까운 친구가 제주살이를 시작하여 안부를 묻기 위해 통화를 했습니다. 친구와 가까이 지내는 이웃이 코로나에 감염이 되었다고 합니다. 친구 가족도 2주 동안 격리되어 아이가 학교에 갈 수 없었답니다. 그런데 충격적인 일이 발생했습니다.

격리 후에도 학교로 돌아 오지 말아 달라는 친구들의 편지를 받게 된 것입니다. 아이가 충격에 빠져 오랫동안 학교로 돌아갈 수 없었다고 합니다.

그 반에 중국인 아이가 코로나 사태에 대한 책임감에 사탕과 과자를 포장하여 미안하다는 편지와 함께 반 아이들에게 나누어주었습니다. 그런데 아이들이 그 아이 앞에서 바닥에 버리고 "너희 나라로 돌아가"라고 말했다고 합니다. 미국이나 유럽에서 한인들이 봉변받는 일이 울분을 토하게 했는데 한국에서도 같은 일이 일어나고 있는 것입니다.

사람들은 고립되고, 이웃이나 친척과의 왕래도 적습니다. 공감을 받지 못하고 자란 아이들이 성인이 되면서 사회는 점점 더 개인주의가 심화되고 있습니다. 이렇게 공감받지도 공감하지도 못하는 사람들이 모여 살다 보니 공감의 중요성은 날로 강조되고 있는 것입니다.

하브루타로 질문하고 대화하다 보면 저절로 공감을 배우게 됩니다.

"너는 어떻게 생각하니?"

"친구는 왜 그렇게 행동했을까?"

"너라면 어떻게 했을 거 같아?"

상대의 입장을 생각해 보고, 또 나라면 어떻게 했을지도 상상해 보는 대화를 하게 됩니다. 그 속에서 다양한 상황에 대해 추측하고 이해하는 공감력이 발달하게 되는 것입니다.

자기중심적인 성향이 강한 유아기부터 그림책과 더불어 하브루타로 질문하며 대화한다면 어떻게 될까요?

아이들은 인간만이 가질 수 있고, 또 가져야 하는 공감력을 기를 수 있게 될 것입니다.

공감 능력은
　　창의성을
　유도한다

　로봇을 다루는 인간이 되려면 인간만이 가질 수 있는 공감력을 가져야 한다고 했습니다. 이제는 창의성입니다. 단순한 작업만을 수행했던 로봇이 이제는 더 고도화되어 창의적인 일을 하는 영역까지 확대되고 있습니다. 미술 작품을 그려내는 AI도 있고, 신문 기사를 쓰는 AI도 있습니다. 창작도 더 이상 인간 고유의 영역이 아닌가 봅니다.
　그러나 근본적으로 AI가 인간을 넘어설 수 없는 이유는 AI 로봇을 창조한 것이 인간이기 때문 아닐까요? 그런 의미에서 창의성은 미래 사회의 우리 아이들에게 절대적으로 필요한 능력인 것입니다. AI가 할 수 없는, 보다 정교하고 다양한 창의적인 생각들을 할 수 있어야 하는 것입니다.

공감은 창의성과 어떤 연관이 있을까요?

"세상을 바꾸려는 의지가 아이디어의 원천이다."

UCLA 교수이자 로멜라 로봇연구소 소장인 데니스 홍이 말했습니다. 그는 세상을 바꾸는 아이디어를 내라고 말하지 않았습니다. 세상을 바꾸려는 의지가 아이디어의 원천이라고 했습니다.

어떻게 보면 반대의 개념 같아 보입니다.

창의성을 개발해 세상을 유익하게 하라고 말해야 하는 거 아닐까요? 그런데 그는 세상을 유익하게 하고자 하는 마음이 있을 때 그 의지가 아이디어를 만들어낸다고 말합니다. 다시 말하면, 세상을 유익하게 바꾸려는 의지가 창의성을 발달시킨다는 의미입니다.

세상을 유익하게 바꾸려는 의지가 무엇입니까? 바로 공감입니다. 상대의 아픔을 느끼고 공감할 때 더 나은 세상을 만들기 위한 아이디어가 나온다는 뜻인 거지요.

결국 공감과 창의성은 별개의 것이 아니고, 공감이 잘 발달

되면 그 생각이 확대되어 창의적인 결과물을 만들어낼 수 있다고 말하는 것입니다.

인간을 위해 더 좋은 것을 만들려는 마음에서 창의성이 개발됩니다

이런 에피소드가 있습니다. 데니스 홍이 연구실에서 나와 잠깐 산책하던 어느 날이었습니다. 그들이 개발해놓은 시각장애인들을 위한 자동차 앞에 어린아이가 손으로 차를 만지고 있는 모습을 발견했습니다. 그 아이는 한 손에 흰색 지팡이를 든 시각장애인이었습니다.

그는 그 모습을 사진으로 찍어 연구실 책상 앞에 붙여놓고 항상 바라본다고 합니다. 언젠가 그 차를 운전하고 싶은 소망을 담고 있을 그 아이를 마음에 두고 연구를 계속한다는 것입니다.

그의 주장대로라면 인간에 대한 공감과 세상에 대한 따뜻한 마음이 아이디어를 만들어 내며, 그로 인해 창의성이 개발된다는 말입니다.

로봇의 강국 일본은 일상생활의 서비스 부분에 로봇이 발달되어 있습니다. 그러나 정작 후쿠시마 원전 사건과 같은 국가 재난 상황에서 도움을 줄 수 있는 로봇은 없다고 합니다. 이렇게 인간에게 도움을 줄 로봇을 개발하지 못한다면 로봇을 개발할 의미가 없다고 데니스 홍은 말합니다. 인간에게 유익한 삶을 선사하겠다는 의지가 더 좋은 아이디어를 만들어내고 있다는 것입니다. 그래서 지금도 험난한 사다리나 장애물을 넘을 수 있는 로봇을 개발하고 있습니다. 그의 말대로라면 창의성을 개발하기 위해서는 공감 능력을 길러야 하는 것입니다.

공감은 창의성과
깊은 연관이 있습니다

'가시고기'는 우리나라는 물론 해외까지 번역되어 출간된 베스트셀러 소설입니다. 3백만 명이 넘는 사람들이 이 책을 읽고 눈물을 흘렸습니다. 초등학생부터 노인에 이르기까지 모든 세대가 공감하며 감동을 받았던 국민소설입니다.

왜 그랬을까요. 무엇이 그렇게 전 연령층의 공감을 불러일으켰을까요.

조창인 작가님을 만나 '가시고기'라는 소설을 쓰게 된 뒷이야기를 들었습니다.

고등학교 친구에게 아들이 하나 있었다고 합니다. 그 아들은 작가님의 아들과 같은 해에 태어났습니다. 그런데 그 친구의 아들에게 병이 있었습니다. 근이양증이라는 병으로 근육이 굳어지는 병이었습니다. 의사가 말하기를 15살을 넘기지 못할 것이라고 했답니다. 어느 날 술집에서 마주한 친구는 눈물을 흘리며 아들을 살릴 수 있다면 대신 죽을 수도 있다고 말했다고 합니다.

친구의 아픔은 작가님의 가슴을 울렸습니다. 같은 나이의 아들이 있었기에 더욱 공감했습니다. 그 가슴 저린 기분을 떨쳐낼 수가 없어 작가님은 그 기억을 토대로 '가시고기'라는 소설을 써낼 수 있었던 것입니다.

그렇습니다. '가시고기'가 그런 공감의 산물이었기에 작가의 간절함이 녹아 있었던 것입니다. 친구의 아들에 대한 안타까움이 소설 속에 담겼기에 사람들의 마음을 움직일 수 있었던 것입니다.

이처럼 공감으로부터 시작해 사람을 생각하고, 세상을 변화시키고자 하는 의지가 작동할 때 창의성이 개발되는 것입니다.

이처럼 공감은 창의성과 연관이 깊습니다. 나를 공감하고 타인을 공감하다 보면 새로운 아이디어가 생깁니다. 어떻게 하면 다른 사람을 돕고, 유익하게 할 수 있을까를 고민하다가 남들이 생각하지 못했던 창의적인 것들을 만들어 내는 것입니다. 창의성이 반드시 공감을 통해 발달하는 것은 아니지만 공감은 창의성의 원천이 될 수 있습니다.

하브루타는 공감과 창의성을 길러주는 대화법입니다. 질문은 그 자체로 창의성을 개발시킵니다. 질문을 받으면 뇌가 활성화됩니다. 쉬고 있던 뇌가 대답을 하기 위해 일을 시작하는 것입니다. 다양한 생각들을 떠올리고, 그 생각을 확장시켜 나갑니다.

어떤 질문을 하느냐도 매우 중요하겠죠. 공감을 일으키는 질문과 더불어 문제 해결을 유도하는 질문을 많이 해줄 때 아이들의 뇌는 더욱 왕성하게 움직일 것입니다. 창의성이 발달하게 되는 것입니다.

공감 하브루타는 인문학적 창의성의 토대

상상력을 발휘하는 질문이 있습니다.

"만약 ~~라면 어떤 일이 일어날까?"

"~~~는 이후에 어떻게 되었을까?"

그러나 이것이 공상만을 만들어내는 훈련이 되면 안 됩니다. 남들이 하지 않는 것이 창의라면 그 창의는 정신병원에 가면 많다고 우스갯소리를 한 사람도 있습니다. 남들이 생각하지 않는 엉뚱한 생각에 그쳐서는 안 되는 것이지요.

창의성은 새로운 생각에 옷을 입혀야 합니다. 옷을 입혀서 사람이 입을 수 있어야 합니다. 현실에서 실현되어져야 하는 것입니다.

한 걸음 더 나아가서 사람에게 유익해야 합니다.

어떤 창의성이 사람을 위해, 세상의 유익을 위해 사용되었을 때 저는 그것을 인문학적 창의성이라고 말하고 싶습니다.

인문학은 후마니타스(Humanitas), '인간다움'이라는 개념으로 키케로에 의해 시작되었습니다. 인문학은 인간다운 삶을 위해 배워야 할 모든 학문입니다. 자신과 타인, 세상에 대한 열정으로 더불어 함께 살기 위한 학문인 것입니다.

그러므로 인문학적 창의성이란 결국 인간의 유익을 위해 사용되는 창의적 소양이라고 설명할 수 있을 것입니다. 쉽게 말해 '사람을 먼저 생각하는 마음'이라고 말할 수 있습니다.

예를 들어 도로를 달리는 무인자동차 앞에 노인과 어린 아이가 서 있습니다. 피할 시간이 없습니다. 둘 중 한 명의 희생이 반드시 필요합니다. 이때 무인자동차 프로그램은 어떤 논리로 작동할까요?

인간 모양의 로봇이 주인의 귀중품을 훔치는 무장 강도를 만났습니다. 이 로봇은 주인의 귀중품을 지키기 위해 강도를 해쳐야 할까요? 아니면 어떤 상황에서도 인간을 해치지는 않아야 할까요?

이렇게 앞으로는 '사람'과 '정의'에 대한 문제 해결력이 필요합니다. 이때 인간에게 보다 도움이 되는 방식으로 문제를 해결하는 능력, 그것이 인문학적 창의성이라고 말할 수 있습니다.

그러기 위해서는 인간에 대한 이해와 철학이 바탕이 되어야 합니다. 그래서 요즘은 과학 기술 분야에서도 인문학적 소양을 갖춘 인재를 찾고 있는 것입니다. 최고의 IT 업체에서 인재를 뽑을 때 철학이나 인문학 전공자를 선호한다는 이야기 들어보셨지요? 기술은 회사에서 가르치면 되지만 인문학적 사고는 가르칠 수 없기 때문입니다. 인문학적 판단을 할 줄 아는 사람이 결국 기업에도 도움이 되는 창의성을 발휘한다고 믿는 거죠.

미래 사회의 역량, 인문학적 창의성은 어떻게 길러질까요?

인문학적 창의성이라 하니 엄마들은 당장 인문학 독서를 시작해야 한다고 생각할지도 모릅니다. 어려운 동서양 고전이나 철학책을 읽혀야 하나 부담감을 느낄 수도 있습니다.

그러나 핵심은 '스스로 생각하고 의미 부여하기'입니다.

시작은 질문하기.

질문에 대한 답을 찾는 과정은 끊임없이 생각하고 의미를 부여하는 과정입니다. 책을 읽을 때 호기심으로 질문하고 내 생각을 담아 의미를 부여하고 표현하는 연습. 이것이 인문학적 창의성을 기르는 방법인 것입니다.

"책 읽기는 받아들여야 할 대답이 아니라 계속 생각해야 할 질문의 원천이다."

작가 페리 노들먼은 이렇게 말했습니다.

책을 읽고 그냥 내용을 받아들이면 지식을 얻을 뿐입니다. 그러나 책 속에는 무한한 질문거리가 있고 이것을 찾아낸다면, 책의 내용을 기억하는 것보다 훨씬 더 즐겁고 흥미진진해집니다.

책 속에서 질문을 통해 의미를 찾아가다 보면 '어떻게 살아야 하는가?'에 대한 삶의 방향과 가치관이 생겨납니다. 이것이 독서를 통해 인문학적 사고를 하는 과정입니다. 인문학적 창의성이 길러지는 것이지요.

그림책을 보고도 많은 질문을 찾아낼 수 있습니다. 아니, 그림책에는 더 많은 질문거리가 있습니다. 아이부터 어른에 이르기까지 모두 다른 관점으로 그림책을 바라보기 때문입니다. 이보다 더 풍성한 도구가 있을까 싶을 만큼 그림책은 온통 질문거리 투성이입니다.

어떤 질문을 하느냐에 따라 인생의 많은 의미와 가치들을 발견할 수 있습니다.

공감의 질문을 통해
인문학적 창의성을 기릅니다

질문으로 대화하는 하브루타는 인문학적 창의성을 길러주는 최고의 학습법입니다.

공감의 질문들은 사람을 생각하게 합니다. 다른 사람의 입장과 감정을 생각하고 이해합니다. 함께 살아가는 방법을 배우고, 모두에게 유익한 것을 생각합니다. 공감을 배우며 인성의 덕목들을 갖춰갑니다.

또한 공감을 바탕으로 문제 해결력을 키웁니다.

"토끼도 좋고 거북이도 좋은 방법은 뭐가 있을까?"

"거북이가 잠자는 토끼를 깨우고도 경기에서 이길 수 있는 방법은 뭐가 있을까?"

공감의 질문을 통해 관계를 생각하고 더불어 함께 살아가는 인간의 가치를 알아가게 됩니다. 거기에 문제를 해결하는 질문을 하게 되면 아이들은 인문학적 창의성을 기르게 됩니다.

미래 사회의 인재로 자라날 우리 아이들은 올바른 인문학적 가치를 가져야만 합니다.

인간과 로봇이 공존하는 시대의 놀라운 기술력은 오히려 인간을 황폐하게 만들 수 있습니다. 그럴수록 아이들은 인간을 유익하게 하는 올바른 가치를 탑재한 사람으로 성장해야 합니다.

하브루타 질문을 통해 아이들에게 인문학적 창의성을 길러 줄 수 있습니다. 나를 알고 타인을 알고, 내 마음과 타인의 마음을 공감할 수 있을 때 인간의 삶을 유익하게 하는 인문학적 창의성이 발휘될 것입니다.

생각을 부르는 질문은 창의성의 시작

어느 여름, 강의가 있어 경기도 지역에 있는 종합복지관에 갔습니다. 건물 주변 플랭카드의 문구 하나가 눈에 들어왔습니다.

"이번 여름에 몇 키로 감량 하시겠습니까?"

"6.5Kg?"

질문을 보며 나는 저절로 답하고 있었습니다. 나에게 직접적으로 물어보지도 않았는데 나의 뇌는 이미 반응하고 있는 것이었습니다.

질문은 한 사람에게만 던져도 듣는 사람은 모두 생각을 하게 합니다. 대답을 하든 안 하든 모든 사람이 답을 생각하고 있는 것입니다.

이것은 무엇을 의미하나요? 질문은 사람으로 하여금 저절로 생각하게 합니다. 질문을 받는 순간 뇌는 활성화됩니다. 답을 말하기 위해 관련된 정보들을 모으고, 종합해서 문장으로 표현하려고 빠르게 움직이기 시작합니다. 사고력이 발달되는 것입니다. 저는 사고력에 날개를 단다고 표현합니다. 질문과 함께 사고력이 커지고 창의성이 발달되는 것입니다.

질문에 좋고 나쁨이 있을까요?

없습니다.

모르는 걸 물어봐도, 궁금한 걸 물어봐도 좋습니다. 모든 질문은 상대로 하여금 답을 생각하게 하고, 그 순간 사고를 활발하게 하기 때문에 다 좋습니다.

나쁘다고 할 수는 없지만 덜 좋은 질문은 있습니다.

답이 정해져 있는데 상대를 테스트하기 위해 하는 질문은 좋지 않습니다. 그런 질문은 상대를 긴장하게 하고, 뇌를 경직되게 만듭니다. 그런 경험이 있으면 질문에 대한 부정적인 감정을 갖게 됩니다.

답이 정해져 있지 않은 질문이 좋은 질문입니다. 상대의 마음속에 있는 이야기들을 잘 끌어낼 수 있는 질문 말입니다.

미국에 사는 힐 마골린이라는 유대인이 한국 아이 릴리를 입양해서 길렀습니다. 릴리는 유대인의 문화를 소개하는 다큐멘터리 〈0.2%의 기적, 유내인 성공의 미스터리〉라는 프로그램에 등장해 주목을 받았던 아이입니다. 하버드대를 졸업하고 구글에 입사했습니다. 릴리는 인터뷰에서 이렇게 말했습니다.

"저희 부모님은 억지로 공부를 강요하지 않았죠. 하지만 항상 무언가를 생각하고 여러 문제에 대해 이야기하도록 북돋아 주셨어요."

'북돋아 주었다'가 핵심입니다. 북돋아 준다는 게 뭘까요.

'booster' 기능입니다. 더 잘 할 수 있게, 또 도전 할 수 있게 힘을 주는 장치입니다.

"오, 릴리 너의 생각이 정말 재미있구나. 어쩜 그리 기발한 생각을 했니?"

"릴리 너의 이야기를 더 들려주겠니?"
"다음 이야기가 궁금하구나. 또 다른 생각은 없니?"

릴리의 엄마는 이렇게 계속해서 릴리의 생각을 끌어내는 질문을 던졌다는 것입니다. 한없는 지지이며 더 앞으로 나가도록 도와주는 것입니다.

'백 명이 있으면 백 개의 답이 있다.'

유대인들의 교육 철학입니다.

그들은 동일한 답을 요구하지 않습니다. 새로운 생각을 꺼낼 수 있도록 질문을 하고, 자기만의 생각을 말했을 때 격려합니다. 이런 문화가 아이들의 사고를 확장하고 창의성이 발휘되도록 하는 토대를 만듭니다.

생각을 끌어내는 좋은 질문을 연습해야 합니다. 더 깊은 단계의 좋은 질문들은 하브루타 대화법을 연습하면서 만들어낼 수 있습니다.

창의성을 길러주는 좋은 질문 대화법을 릴리 엄마의 교육법에서 배워보면 이렇습니다.

첫째는 재미있게 들어주는 것입니다.

좋은 질문을 만드는 것보다 더 중요한 것은 재미있게 들어

주는 것입니다. 아이의 말에 호기심과 관심을 보이는 것은 아이 자체에 관심이 있다는 것을 표현하는 것입니다.

유명한 시인 김춘수 씨의 '꽃'의 의미는 무엇인가요. 내가 너의 이름을 불러주었을 때 너는 비로소 내게 와서 꽃이 되었다고 말하지 않던가요. 꽃이 아름다운 것이 아닙니다. 아름답다고 말해주는 사람 때문에 꽃은 아름다운 존재가 되는 것입니다.

아이의 말을 재미있게 들어주는 엄마의 반응은 아이를 기쁘게 합니다. 재미있게 들어주는 것은 바로 공감입니다. 공감하며 관심을 보일 때 아이는 자신이 재미있게 말하는 사람이라고 생각하게 됩니다. 아이는 당연히 더 말을 많이 하게 되고, 거침없이 자신의 생각을 펼쳐가게 됩니다. 상상력이 풍부해지고, 창의적인 아이가 되는 것입니다. 좋은 질문을 생각해내려고 애쓰기 전에 먼저 아이의 말에 재미있게 반응해주는 엄마가 되어야 하는 이유입니다.

둘째는 '너의 생각이 궁금하니 더 들려달라'고 말하는 것입니다.

누군가 자신의 이야기를 듣고 궁금해 합니다. 그렇다면 아이는 없는 이야기도 지어낼 것입니다. 더 자세히 이야기하려고 애쓸 것입니다. 상황을 더 자세히 묘사하고, 자신의 감정을 매우 섬세하게 설명하려 들 것입니다. 주변 환경과 사람들, 일어난 일에 대한 느낌까지도 아이는 자세히 설명하게 될 것입니다.

이야기를 하면서 아이의 사고는 확장되고, 논리가 생기며, 표현력이 풍부해지게 됩니다. 아이의 사고력, 창의성은 저절로 향상됩니다.

셋째, 다른 생각은 없는지 묻는 것입니다.

아이의 생각을 잘 들어준 후 다른 생각은 없는지 물어봅니다. 이런 질문은 아이의 생각을 확장시킵니다. 질문을 들은 아이는 또 다시 생각을 하게 됩니다. 다른 방법으로 생각해보는 것입니다. 질문을 듣기 전까지 생각해보지 않았는데 엄마의 질문을 듣는 순간 아이는 다른 방법을 생각하게 됩니다. 더 많은 아이디어를 만들어내려고 노력합니다.

생각하지 못했던 대답이 아이의 입에서 나오게 될 것입니다. 생각은 하면 할수록 확장되기 때문입니다. 다른 방법을 찾아가는 훈련, 그것이 곧 창의성입니다.

창의성은
　　　타고나는
　　것일까?

어느 초등학교 저학년 교사가 수업 시간 중 너무 힘이 들어 조금 쉬고 싶은 생각이 들었습니다. 그래서 아이들에게 1부터 50까지의 수를 다 더하면 얼마가 되는지 계산하라고 과제를 냈습니다. '한 20~30분 정도는 걸리겠지'라고 생각하며 의자에 앉아서 막 쉬려는데, 채 1분도 안 되어 한 아이가 손을 번쩍 드는 것이었습니다. 그리고는 "선생님! 다 풀었는데요" 하는 것이었습니다.

교사는 깜짝 놀랐습니다.

"아니! 너 정말 다 풀었다는거야?"

답을 맞추어 보니 틀림없는 정답이었습니다.

'어떻게 이렇게 빨리 풀 수가 있지?'

교사는 의아하게 여겨 아이에게 물어보았습니다.

다른 아이들은 1+2=3, 3+3=6, 6+4=10, 10+5=15, 15+6=21······ 이렇게 계속 하나의 숫자를 더해가는 방법으로 열심히 계산을 하고 있었습니다. 그런데 이 학생은 1+49=50, 2+48=50, 3+47=50······ 이라고 생각을 했습니다. 합해서 50이 되는 짝이 24개(50×24=1,200)에 짝이 없는 50과 25를 합하는 방법으로 계산을 해서 정답 1,275를 산출해 낸 것이었습니다.

이 이야기는 후일 유명한 수학자가 된 가우스의 초등학교 1학년 시절에 있었던 일화입니다.

창의성이란 무엇인가요?

이 이야기처럼 일상의 주어진 과제를 다른 시각으로 관찰하고 새로운 의미를 찾아내는 자세나 사고방식을 말합니다. 결국 이전에 없던 새로운 방식으로 문제를 해결하는 능력입니다. 틀에서 벗어나게 생각하고, 기존에 없던 것을 새롭게 만들어내는 능력을 말합니다.

창의성은 독특한 생각이지만 반드시 적절해야 합니다. 창의성에 대한 다양한 정의가 있지만 그중 공통은 새로움과 유용함입니다. 사람을 향한 기발한 새로움이어야 우리는 비로소 창의성이라 부르는 것입니다. 그러나 아무리 독창적인 아이디어라고 해도 적절하지 않으면 창의성이라고 말할 수 없습니다.

교실에서 이다음에 커서 무엇이 되고 싶은지 물었는데 한 아이가 "나는 커서 햄버거가 되고 싶어요"라고 대답했다고 생각해보세요. 이것은 창의적인 생각인가요? 커서 햄버거가 되고 싶은 아이는 없을 것입니다. 따라서 분명히 독특한 생각이지만 사람이 햄버거가 될 수는 없으므로 창의성이라고 말하기에는 부적절한 것이죠.

상상력이라는 말도 창의성과 같이 사용됩니다. 그러나 상상력은 결과물을 덜 강조합니다. 현실적인 근거가 없는 단순한 환상이 될 수도 있습니다.

물론 아이들에게 상상력은 창의성의 발판이 됩니다. 상상놀이를 하면서 아이들은 새로운 생각들을 확장하고 독특한 아이디어를 만들어내는 연습을 하게 되기 때문입니다.

창의성은
누구에게나 있습니다

많은 사람들이 창의성은 평범하지 않은 독창적이고 기발한 사고능력이라고 생각합니다.

그렇다면 창의성은 타고나는 것일까요? 그렇지 않습니다. 새로운 것을 생각하고 만들어내는 능력은 누구에게나 있습니다.

창의성은 아무도 생각하지 못하는 것을 발명해내는 것이 아닙니다. 이미 가지고 있는 경험과 지식을 가지고 쓸모있는 무언가를 만들어내는 것이 창의성인 것입니다. 독특한 것을 만들어내는 직업을 가진 사람이나 예술가에게만 필요한 것이 아닙니다. 일상생활 중 만나는 많은 문제들을 해결하는데 창의성이 발휘됩니다.

따라서 창의적인 생각은 누구에게나 필요합니다. 친구와 소통할 때도, 놀이를 하는 과정에서도, 과제를 수행하는 데도 필요합니다. 갈등을 해결할 때도, 실수를 회복할 때도 필요합니다. 모든 관계와 사회 활동에서 문제를 해결하는 능력이 창의성인 것입니다.

창의성 발달이 중요한 또 하나의 이유는, 사회가 점점 더 창의성을 요구하는 형태로 변하고 있다는 것입니다.

지식을 암기한 인재는 더 이상 필요치 않습니다. 단순한 지식은 컴퓨터와 인공지능이 해결해 줄 테니까요. 필요한 것은 그 지식을 바탕으로 새로운 것을 창조해 내는 사람입니다. 알고 있는 것을 융합하여 남들이 생각하지 못한 것을 생각해내는 사람이 필요한 것입니다.

창의성은 미래 사회를 살아가는 아이들에게 더욱 중요합니다. 그러나 창의성은 타고 나는 것이 아닙니다. 훈련과 노력을 통해 발달될 수 있습니다. 다양한 것을 경험하고, 생각하고, 문제를 해결하는 과정을 통해 창의성은 발달합니다. 실제로 경험하는 것도 좋지만 간접 경험만으로도 문제 해결력을 기를 수 있습니다. 하브루타로 질문과 토론을 하다보면 상황과 장면을 간접적으로 경험하며 사고력을 발달시킬 수 있습니다. 문제 해결력도 증가합니다.

유아기부터 그림책을 보며 질문하고 대화하는 그림책 하브루타를 통해 공감 능력은 물론 창의성을 향상시킬 수 있습니다. 그림책 속 상황과 장면, 인물들을 통해 간접 경험을 하고 해결책을 모색하며 창의성을 발달시킬 수 있기 때문입니다.

호기심은
질문이 되어
창의성을 길러준다.

"어린이들은 반짝이는 호기심이 있고 그 호기심은 질문을 유발하고, 질문은 대답 곧 새로운 생각의 탄생이다."

UCLA 교수 데니스 홍은 한 강연에서 아들의 일화를 들려주며 이렇게 말했습니다.

하루는 데니스 홍의 집에 나비가 들어왔습니다. 아들은 걱정에 찬 목소리로 말했습니다.

"나비가 엄마 아빠에게 돌아가야 하는데 어떻게 하죠?"

"너는 어떻게 하면 좋을 거 같아?"

아빠는 답을 주지 않고 아이에게 되물었습니다. 그러자 아이가 스케치북과 크레파스를 가져와서는 화살표를 크게 그려서 나비에게 보여주었습니다. 이쪽으로 나가면 된다고 신호를 주는 것이었습니다.

아이 속에 들어있는 반짝이는 생각들을 질문을 통해 확장시켜 준다면 아이는 이처럼 독특한 생각들을 키워갈 것입니다. 이렇게 아이들의 호기심을 질문으로 확장할 때 창의성을 발휘할 수 있다고 데니스 홍은 말했습니다.

생각이 평범하지 않고 독특한 아이디어를 내는 사람의 특징이 있습니다. 호기심이 높고 궁금한 것이 많습니다.

"엄마, 전기가 어떻게 전깃줄 속에 갇혀 있을까?"

초등학교 저학년이었던 아들이 질문했던 기억이 납니다.

저는 한 번도 생각해보지 않았던 질문입니다. 전기가 흐르는 전깃줄이 그냥 공중에 걸려있다고 받아들였을 뿐 어떤 형태로 전깃줄 안에 들어있을지는 생각해본 적이 없습니다.

궁금해야 합니다.

전깃줄 속에 갇힌 전기의 형태가 궁금해야 상상을 하게 됩니다. 질문이 생겨야 답을 찾아가고 창의성이 생깁니다. 다양한 생각들을 떠올릴 때 창의성은 발달되는 것이니까요.

"왜?"라고 묻는 아이의 끝없는 호기심에 이렇게 답해 주세요

그러면 호기심도 타고 나는 것일까요? 호기심 많은 아이가 따로 있을까요?

그렇지 않습니다.

아이들은 모두 호기심이 많고 궁금한 게 많습니다. 그래서 유아기의 아이들은 끊임없이 엄마에게 질문을 던집니다. 엄마가 하는 말에 끝도 없이 "왜?"라고 물어대죠.

아이들의 호기심은 "왜?"라고 묻는 아이에게 어떻게 반응해 주느냐에 따라 발달되기도 하고 죽어버리기도 합니다.

"그만 물어봐."

"그럴 시간에 가서 공부나 해."

"너 때문에 너무 시끄러워."

이런 대답을 들은 아이는 어떨까요.

질문을 멈춥니다. 궁금해하고 질문하는 것은 좋지 않다고 생각하게 됩니다. 조용히 시키는 대로 하는 것이 칭찬받는 아이라고 받아들이게 됩니다. 당연히 호기심과 궁금증은 사라지게 되죠.

"궁금한 게 참 많구나. 궁금한 게 많은 건 좋은 거야."
"그것도 궁금했어? 탐험가가 되려나 보다."

아이의 호기심을 기뻐하고 대견해 하는 엄마의 반응입니다. 아이는 엄마의 반응 때문에 신이 나서 더 많은 호기심을 갖게 될 것입니다.

이건 뭐예요? 저건 뭐예요? 끊임없이 질문하는 유아기 아이들입니다.

호기심을 살려주면서 아이들의 창의성이 발휘되도록 하는 대답의 비결은 질문입니다.

"너는 뭐라고 생각해?"
"너는 왜 그런 거 같아?"
"너는 어떻게 했으면 좋겠어?"

참 쉽죠? 아이의 질문을 엄마의 질문으로 다시 돌려주는 것입니다. 그러면 아이는 대답을 하기 위해 생각을 시작합니다. 재미있고 기발한 방법을 이야기할 것입니다.

아이에게 한 가지라도 더 가르쳐주려고 쉼 없이 설명을 해줘도 아이들은 다 기억하지 못 합니다. 너무 많은 질문에 지쳐서 성의 없이 대답하거나 대답을 안 하면 아이들의 호기심을 확장시키지 못합니다. 더 나아가 소리를 지르고 귀찮은 듯 대꾸한다면 어떨까요? 아이의 호기심은 죽어버립니다.

아이의 호기심을
반짝이는 눈으로 바라봐 주세요

아이들의 질문은 때론 대답해주기 어렵고 애매한 경우가 많습니다.

"엄마, 달은 어떻게 하늘에 떠 있어요?"

"음……."

뭐라고 대답을 해주면 좋을까요? 지구와 달의 거리는 얼마이고, 중력에 의해 거리를 유지하며 떠 있는 거라고 과학적 사실을 말해 줘야 할까요. 어두운 밤 우리를 지켜주려고 떠 있는 거라고 동화적인 대답을 해 줘야 할까요.

"너는 어떻게 생각하는데?"

곤란함을 모면하면서 오히려 아이의 호기심을 살려주는 방법입니다.

아이의 생각을 되물으면 아이는 생각을 시작합니다. 뇌가 활성화되고 창의성이 발달합니다. 엄마는 대답을 들어본 후 그 눈높이에서 조금 보태주면 됩니다. 아이의 생각에 공감하고 칭찬합니다. 질문놀이를 계속해 아이가 생각을 확장할 수 있도록 도와주면 됩니다.

창의성은 호기심에서 출발합니다. 아이들의 호기심을 반짝이는 눈으로 바라봐주어야 합니다.

엄마는 너의 생각이 궁금해, 너의 생각은 무엇이야?

이렇게 바라봐줄 때 아이들은 더 많은 호기심과 궁금증을 갖게 될 것입니다.

4장

질문이 놀이가 되어
공감 능력과 창의성
Jump Up

그림책은
숨겨진
창의 보물섬

그림책은 글을 모르는 아이들만의 책이 아닙니다. 요즘은 어른들도 그림책을 즐겨 봅니다. 그림책 심리, 그림책 힐링, 그림책 명상 등 그림책을 도구로 자신을 들여다보고, 내면을 치유하기도 합니다. 그림책은 그만큼 많은 것을 담고 있습니다. 글자로 표현되지 않은 그림 속에 무궁무진한 것들이 숨겨져 있는 것입니다.

아이가 어렸을 때, 밤마다 잠자리에서 그림책을 읽어주었습니다. 읽고 싶은 책을 가져오라고 하던 아이는 그림책을 열 권 넘게 낑낑대며 들고 왔습니다. 다 읽기도 전에 잠들어버렸지만 말입니다. 그런데 이상했던 점은 아이가 들고 오는 책이 매일 밤 똑같았다는 것입니다. 수없이 많은 책이 꽂혀 있었지만 아이는 어제도 읽고, 그제도 읽었던 책들을 가져왔습니다. 읽어주는 엄마가 지겨워서 다른 책을 가져오라고 해도 아이는 매일 똑같은 책을 들고 왔습니다.

왜 그랬을까요?

그림책에 숨어있는 다양한 보물들을 아이는 밤마다 꺼내고 있었던 것입니다. 글을 읽어주는 사람은 글자가 주는 내용 이상을 뛰어넘지 못합니다. 그러나 누군가 읽어 줄 때 아이는 그림을 봅니다. 그림 속에 숨겨진 많은 이야기들을 발견하고 상상하니 같은 그림책이지만 매일 새로운 그림책이었던 것입니다.

하브루타를 더 빨리 알았더라면 아이의 상상력을 넓혀주는 질문을 해주었을 텐데, 그러지 못했던 것이 아쉽습니다.

하브루타의 매력에 빠져 하브루타 강의를 시작하면서 우리 집은 온 식구가 모여 그림책 하브루타를 합니다. 심지어 할머니까지 그림책을 보고 하브루타에 참여하기도 합니다.

그림책 내용에는 인물들의 다양한 역할과 갈등 상황이 들어있습니다. 그림책을 보면서 어떤 질문을 뽑아내고, 어떤 생각거리를 주느냐에 따라 무한한 상상력을 기를 수 있고 공감과 창의성을 길러줄 수 있습니다.

요즘 아이들은 다양한 상황을 직접 경험하기 힘듭니다. 한 자녀 혹은 두 자녀인 가정이 많아 형제간의 관계 경험을 많이 하지 못합니다.

게다가 정해진 놀이터에서만 놀고, 정해진 장난감만을 가지고 놉니다. 다양한 친구와 어울릴 기회가 없습니다. 심지어 갈등 상황이 발생하면 부모들이 개입해서 해결해 줍니다. 그러다 보니 갈등이나 문제 상황이 발생했을 때 해결 능력이 떨어집니다. 경험이 없기 때문입니다. 코로나19 바이러스로 팬데믹 상태가 된 지금은 사회적 거리를 유지해야 하기 때문에 어느 때보다 직접 경험 할 수 있는 것이 적습니다.

이러한 시대적 상황 속에서도 그림책은 다양한 상황을 제시해 줍니다. 비록 경험을 통해서 배운 것은 아닐지라도 책을 읽는 간접 경험을 통해 생활에 적용이 가능합니다.

하브루타 질문놀이로 그림책을 보게 되면 어떨까요.

아이들은 더 많은 것들을 얻게 됩니다. 상상으로만 남았을 생각들을 질문을 통해 표현하게 됩니다. 아이들의 상상력은 확대되고 문제를 해결할 수 있는 다양한 생각들을 훈련할 수 있습니다. 창의성이 발달하게 되는 것이죠.

좋은 질문은 그림책이라는 보물섬에서 많은 보물을 찾아낼 수 있는 연장입니다. 연장을 잘 사용하면 무궁무진한 그림책 속 보석들을 찾아낼 수 있게 됩니다.

그림책을 놀이처럼 읽는 것이 질문놀이입니다

최근 그림책을 활용한 하브루타는 가정과 교육 기관에서 가장 쉽게 아이들의 공감과 창의성을 길러주는 도구로 활용되고 있습니다. 참 반가운 일입니다.

독서의 중요성은 시대가 바뀌어도 변함이 없습니다. 그러나 그 방법에는 변화가 있습니다. 이제는 다독(多讀)의 시대를 지나 정독(精讀)의 시대로 바뀌었습니다. 얼마나 많이 읽느냐보다 중요한 것은 한 권을 읽더라도 그 안에서 무엇을 발견하고 삶에 적용할 것인가가 더 중요하다는 것을 알았기 때문입니다.

인지 신경학자이자 아동발달학자인 매리언 울프는 이렇게 말했습니다.

'깊이 읽기는 언제나 연결과 관련되어 있다. 즉 우리가 아는 것을 읽는 것에, 읽는 것을 느끼는 것에, 느끼는 것을 생각하는 것에, 생각하는 것을 삶의 방식에 연결 짓는 것에 있다.'

곧 읽는 것은 나를 돌아보고, 너를 생각하고, 우리와 더불어 살아가는 공감으로 삶에 연결한다는 것입니다. 그러니 읽기의 기쁨을 아이들에게 가르치라고 강조합니다.

어떻게 하면 아이들에게 읽기의 기쁨을 알게 할 수 있을까요? 그 질문의 답은 '놀이처럼'입니다. 아이들이 제일 좋아하는 놀이를 통해 읽게 하고 놀이하다가 배우도록 하는 것입니다.

그림책을 보고 놀이를 함께 하며 이것을 일상과 연결짓는 활동도 의미 있습니다. 그러나 우리는 여기에 질문을 넣습니다. 그것이 그림책 질문놀이입니다.

그림책을 보며 놀이하는 것은 같습니다. 차이는, 읽고 놀이하는 사이에 질문이 있다는 것입니다. 그리고 마지막에는 말놀이, 몸놀이 등 다양한 표현놀이로 연결합니다.

그림책 질문놀이 하브루타는 그림책을 놀이로 연결해 아이들에게 읽기의 기쁨을 가르치는 목적에서 한 걸음 더 나아가는 것이지요. 부모님 교사 혹은 또래 친구 등의 짝과 질문하고 대화하면서 그림책 속의 보물들을 더 많이 찾아나갈 수 있으니까요.

미래 사회를 살아갈 우리 아이들이 갖춰야 할 대표적인 역량이 공감 능력과 창의성입니다. 그리고 그림책 질문놀이 하브루타를 통해 가정에서 혹은 교육 현장에서 질문을 통해 이 역량들을 한껏 올려줄 수 있다고 믿습니다.

놀면서 배우는 그림책 질문놀이
하브루타의 교육적 효과

그림책 질문놀이 하브루타는 다음과 같은 효과를 줄 수 있습니다.

첫째, 표지의 이미지 읽기를 통해 관찰력을 길러줍니다. "무엇이 보이나요?"라고 시작되는 질문은 자세히 보고 발견하는 습관을 길러줍니다. 곧 주변의 환경과 사물에 대해 관심을 갖고 관찰하는 힘을 길러주는 것입니다.

둘째, 표지 이미지를 보고 떠오른 질문을 통해 책 내용을 유추하고 추론할 수 있게 합니다. 추론과 유추의 능력이 길러지는 것입니다.

셋째, 그림책 표지 읽기는 떠오른 질문에 대한 답을 찾기 위해 스스로 책 내용에 몰입하게 합니다. 몰입의 경험은 매우 중요합니다. 놀이에 몰입한 아이가 학습에서도 몰입할 수 있습니다.

넷째, 그림책 속 이야기 전개는 각자의 경험과 만나 생각과 연결됩니다. 질문을 통해 그 생각을 공유할 때 공감 능력과 창의성이 길러지게 됩니다.

그림책 질문놀이를 위한 독자의 10가지 권리

 이제 본격적으로 공감 능력과 창의성을 길러주는 그림책 질문놀이를 시작해 보려고 합니다. 수업에 참여해 그림책 질문놀이를 경험한 부모님들의 공통점은 빨리 집에 있는 아이에게, 혹은 우리 반 친구들에게 적용해 보고 싶어 한다는 것입니다.
 그러나 시작 전에 잠깐 기억해야 할 것이 있습니다.
 어른들의 기대와 달리 아이들은 집중시간이 짧습니다. 다 읽고 싶은 목적도 없으며 변덕도 심합니다.
 그러다 보니 좋은 마음과 굳은 의지로 그림책 질문놀이를 시작했던 어른들의 초심은 어디론가 사라집니다. 그리고 남은 것은 아이 울음소리와 부모들의 상한 마음뿐이라는 이야기를 듣게 됩니다.

그럴 때마다 '누구를 위하여 종을 울리나'라는 장편 소설 제목이 떠오릅니다. 소설의 내용상 의미는 다르지만 제목만은 답답한 마음을 딱 표현하기 적절합니다. "그 그림책을 누구를 위해 펼쳤고 무엇을 위해 읽고 계셨습니까?"라고 질문을 하면 바로 멋쩍은 웃음을 짓는 공통점도 봅니다.

우리가 기억할 것은 '누구를 위하여 종을 울리나'입니다. 아이들이 바라는 건 멋진 구연 솜씨가 아닙니다. 완독을 향한 괴로운 인내가 아닙니다. 정답을 맞춰야 하는 긴장되는 퀴즈 시간도 아닐 것입니다.

아이는 자기 방식으로 자유롭고 즐거운 책놀이를 하고 싶습니다. 그것도 가장 좋아하는 부모님과 함께 말입니다. 아이의 책놀이 방법과 진행 방식을 존중해 줄 때 그들이 비로소 놀이에 초대해 준다는 사실을 기억하셔야 합니다.

그런 이유로 서는 그림책 질문 놀이 하브루타를 위한 독자의 권리 10가지를 제안합니다.

하나. 표지만 읽어도 될 권리
표지를 관찰하여 보기만 해도 책 내용 이상의 이야기를 만들 수 있습니다.

둘. 보고 싶은 장면부터 볼 권리
명장면을 보며 스토리의 앞, 뒤 흐름을 유추해 보면 그림책에 더 몰입 할 수 있습니다.

셋. 한 번에 끝까지 보지 않아도 될 권리
읽는 대상의 연령과 흥미도에 따라 언제고 멈출 수 있습니다. 재미가 없어지는 순간 놀이도 끝나기 때문입니다.

넷. 글을 읽지 않아도 될 권리
그림책은 글과 그림의 종합예술로 그림을 보며 발견하는 것만도 무궁무진합니다.

다섯. 손에 잡힌 방향 그대로 볼 권리
보는 각도에 따라 보이지 않던 것들이 관찰됨을 즐길 수 있습니다.

여섯. 등장인물과 자신을 혼동할 권리
등장인물을 보며 공감이 일어나며 그로 인해 희망과 치유가 일어나기 때문입니다.

일곱. 어떤 자세로 봐도 될 권리
꼭 의자에 앉아야 할까요? 편안하다면 가장 좋아하는 장소에서 편안한 자세로 자유로울 때 생각도 자유롭습니다.

여덟. 반복해서 계속 봐도 될 권리
그림책은 언제 누구랑 어떻게 보느냐에 따라 매번 새로운 무언가를 발견합니다.

아홉. 읽어 달라고 조를 수 있는 권리
글과 그림이 함께 있는 그림책은 누군가 읽어 줄 때 그림이 보여주는 이야기를 볼 수 있습니다. 그래서 그림책은 어른도 읽어줍니다.

열. 보고 나서 어떤 말이라도 다 해도 될 권리
그림책 질문놀이는 다양한 생각을 표현하고자 하는 것입니다. 어떤 생각이든 짝과 나눌 수 있습니다.

어떤 그림책이 하브루타에 좋은 그림책인가요?

그림책 질문놀이를 시작하기 전에 부모가 기억해야 할 내용들입니다. 하브루타를 이끄는 부모 및 교사가 이러한 10가지 권리를 인정해 줄 때 자유롭게 탐색하며 질문과 대화로 창의성을 높이는 그림책 질문놀이가 될 수 있습니다.

아이와 하브루타 하는 선생님과 부모님께 가장 많이 듣는 질문 중 하나가 있습니다.

"어떤 그림책이 하브루타 하기 좋은 그림책인가요?"라는 질문입니다.

일단 좋지 않은 그림책은 없습니다. 어떻게라도 배우는 게 있을 테니까요.

비판적 사고를 극대화하는 질문과 대화가 우리에게 무엇이다르 배움이 일어나게 만듭니다. 그러나 주제가 명확하여 생각의 틀 안에 가두는 목적이 있는 그림책은 추천하지 않습니다. 그림책을 고를 때 몇 가지 염두에 두어야 할 사항을 정리해보면 다음과 같습니다.

어린이들이 흥미롭게 배울 수 있는 소재인가?
어린이의 정서를 함양할 수 있는가?
비평적 질문, 추론적 질문, 사실적 질문, 개방적 질문 요소가 있는가?
선하고 긍정적인 내용을 다루고 있는가?
내용이 어린이에게 감동을 주는가?
그림과 글이 조화롭고 통일된 의미를 가지는가?

어린이의 창의성과 상상력을 끌어낼 수 있는가?
그림을 통해 이야기의 줄거리를 전할 수 있는가?
매력적인 인물이 등장하는가?

이러한 요소들에 부합되는 그림책을 고르면 그림책 질문놀이 하브루타를 통해 아이들의 정서는 물론 공감 능력과 창의성을 키우는 데도 도움을 줄 수 있습니다.

그림책 하브루타
질문 모형의
변천

그림책은 엄마들이 선택하는 가장 보편적인 놀이 도구입니다. 엄마들은 아이들에게 최대한 많은 그림책을 보여주고 읽어주려고 애씁니다. 그러나 내용을 읽어주는 것만으로 그친다면 보물선에 올라가서 금덩어리 한 개만 달랑 들고 내려오는 것과 같습니다. 보물선에 숨겨져 있는 수많은 보화를 찾지 못하고 그냥 나온다면 얼마나 안타까운 일인가요.

하브루타로 그림책을 만난다면 아이들은 그림책 속에 담긴 무한한 보석들을 찾아낼 것이고, 그 보석을 자기 것으로 소유하게 됩니다.

"그런데 질문 만드는 게 너무 어려워요."

그림책 질문놀이의 효과성에 대해 공감하고 막상 질문 만들기 연습에 들어가면 여기저기서 볼멘소리가 쏟아집니다. 막상 질문을 만들어 보면 어떤 질문을 어떻게 해야 하는 건지, 처음엔 쉽지 않기 때문입니다.

그래서 저는 이전 저서 《하브루타 질문 놀이터》에서 '그림책 하브루타 질문 모형'을 소개해 놓았습니다. 하브루타 기본 수업 모형을 변형하여 그림책 하브루타에 맞게 조정한 것입니다. 그림책을 활용하여 하브루타 할 때 가장 적합한 방법으로 모형을 제시하여 놓았습니다. 글과 그림이 포함된 그림책 하브루타는 일반 수업 모형과는 다르게 적용해야 합니다.

'그림책 하브루타 질문 모형'에 따라 질문을 만들면 엄마들이 자녀와 함께 그림책 속 보석 찾기 놀이를 잘 할 수 있을 것입니다.

그러면, 이해를 돕기 위해 하브루타 기본 수업 모형과 그림책 하브루타 질문 모형의 차이를 설명하고, 이어 공감과 창의성을 키우는 질문의 적용에 대하여 설명해 보겠습니다.

먼저 전성수 박사님의 일반 하브루타 수업의 모형은 다음과 같습니다.

★ 전성수(2012)의 하브루타 수업의 일반적 모형

| 도입(동기) 하브루타 | 내용(사실) 하브루타 | 심화(상상) 하브루타 | 적용(실천) 하브루타 | 메타(종합) 하브루타 |

'그림책 하브루타 질문 모형'은 심화(상상) 하브루타와 메타(종합) 하브루타에 변형을 주었습니다.

글의 내용을 깊이 읽고 상상하는 질문을 하는 심화 하브루타를 그림이 포함된 그림책에서는 마음과 생각에 대한 질문으로 세분화하였습니다.

심화(상상) 하브루타 ⋯▶ 심화(마음과 생각) 하브루타

심화(상상) 하브루타 단계를 심화(마,생)으로 변형하여 등장인물의 마음을 공감하고 상황과 사건에 대한 문제 해결력을 키우는 창의적 사고력을 하브루타 하는 단계로 변형하였습니다.

또한 그동안 나눈 질문과 대화를 종합하여 말로 표현하는 메타(종합) 질문 단계를 그림책에서는 표현(종합) 하브루타로 변형하였습니다.

메타(종합) 하브루타 ⋯▶ 표현(종합) 하브루타

메타(종합) 하브루타 단계를 말로 다하지 못한 생각들을 글이나 그림, 조형 등으로 표현하는 형태로 변형하였습니다. 유아가 표현할 수 있는 모든 예술적 기법으로 정리하는 하브루타 단계입니다.

★ 그림책 하브루타 질문 모형(2017, 권문정)

도입(동기) 하브루타	내용(사실) 하브루타	심화(마생) 하브루타	적용(실천) 하브루타	표현(종합) 하브루타

이제 그림책 하브루타 질문놀이 모형에서 소개했던 방법을 우리가 잘 알고 있는 토끼와 거북이의 이야기로 질문놀이 해볼까요?

우리가 알고 있는 일반적인 토끼와 거북이 이야기입니다.

토끼는 거북이에게 달리기 경주를 제안했고 거북이는 경주에 임하게 됩니다. 앞질러 달리던 토끼는 아직도 저 멀리 있는 거북이를 보고 바위에 기대어 잠을 잡니다. 쉬지 않고 경주한 거북이는 끝내 결승선에 먼저 도착한다는 바로 그 이야기입니다.

그동안은 근면 성실에 대한 교훈의 관점으로 토끼와 거북이의 경주를 보았다면, 다양하게 질문하며 새로운 관점으로 볼 수 있기를 기대합니다.

1) 도입(동기) 하브루타

먼저 그림책을 펼치기 전 표지 읽기로 도입(동기) 하브루타를 시작합니다.

그림책의 내용을 읽기 전에 표지 그림 속 배경과 등장인물을 자세히 봅니다. 그림을 보고 떠오르는 질문으로 그림책 속 이야기를 짐작, 유추, 추론하는 대화를 합니다. 이 과정은 내용에 대한 호기심을 유발하고 그 궁금증이 책 내용에 흥미를 느끼고 몰입하는 결과를 가져다줍니다.

예시) 무엇이 보이나요?

어디로 가고 있을까요?

둘은 어떤 사이일까요?

삽화/서채원

2) 내용(사실) 하브루타

그림책 내용을 읽은 후 내용(사실) 하브루타 단계를 시작합니다. 그림책 내용을 이해하는 질문으로 대화합니다. 사실에 대한 이해는 모든 다른 활동들의 기초가 됩니다. 질문을 통해 내용과 사실을 좀 더 면밀하게 확인하게 되는 단계입니다.

예시) 토끼와 거북이를 응원한 동물은 누가 누가 있나요?

거북이가 이길 수 있었던 이유는 무엇인가요?

거북이가 이겼다는 걸 어떻게 알 수 있나요?

3) 심화(마음, 생각) 하브루타

심화(마,생) 하브루타는 그림책 질문 모형의 핵심이라고 할 수 있는 마음과 생각을 하브루타 하는 단계입니다. 마음 하브루타는 등장인물들의 입장을 공감해 보는 과정입니다. 등장인물의 마음을 헤아려 보는 질문과 대화하는 과정을 통해 아이는 타인의 마음을 공감하는 능력이 길러집니다.

생각 하브루타는 그림책에 나온 내용을 넘어 더 깊이 생각하고 유추하고 상상하는 단계입니다. 다양한 질문을 통해 창의성을 길러줍니다.

예시) 잠자는 토끼 옆을 지나갈 때 거북이의 마음은 어땠을까요?
　　　토끼는 왜 경주를 하다가 잠을 잤을까요?
　　　결승선에 도착한 거북이를 발견하고 토끼는 어떻게 했을까요?

4) 적용(실천) 하브루타

적용 하브루타는 그림책을 보며 하브루타 한 내용을 토대로 일상생활 속에서 가족이나 이웃 친구들에게 적용하는 질문으로 대화하는 과정입니다. 이렇게 해, 저렇게 해라고 말하기 보다 스스로 생각해서 판단하고 결정해서 행동할 수 있도록 적용 질문을 가지고 대화합니다.

예시) 내가 경주를 한다면 어떤 규칙을 만들고 싶은가요?

친구들과 게임을 할 때 함께 이기는 방법은 무엇일까요?

친구가 경주를 잘못할 때 어떻게 도울 수 있을까요?

5) 표현(종합) 하브루타

마지막은 그림책 하브루타 하면서 나눴던 생각들을 모아 다양한 활동으로 표현하는 표현 하브루타입니다. 말로 다 하지 못한 여러 생각들을 표현 활동으로 정리하는 것입니다. 이것은 특히 말과 글이 미숙한 유아들에게 더욱 효과적입니다.

예시) 어떤 경주를 해 볼까요?

토끼와 거북이는 그 뒤로 어떤 사이가 됐을까요? 뒷이야기 그려봅시다.

경주에 진 토끼에게 하고 싶은 이야기는 무엇인가요? 말풍선에 그리거나 쓰기로 남겨봅시다.

이처럼 그림책 하브루타의 질문 모형을 따라가며 대화를 하면 그림책 속 수많은 보물들을 찾을 수 있습니다. 그림책 표지를 보며 떠오른 질문은 내용을 읽다 답을 찾게 됩니다. 내용을 읽다 떠오르는 질문은 다시 대화 나누며 답을 찾게 됩니다.

이 과정을 통해 내 생각과 다른 사람의 생각이 같거나 다름을 경험하게 됩니다. 그 속에서 다름을 인정하는 경험을 하고 함께 성장하는 방법을 배우게 됩니다. 놀이처럼 즐겁게, 함께, 몰입하는 즐거움으로 배울 수 있게 되는 것입니다.

공감과 창의성을 확대하는
그림책 질문놀이 모형을 개발했어요

저는 그림책 하브루타 질문 모형을 수년간 교육 현장과 부모교육에 적용하였습니다. 그러던 중 공감과 창의성을 기르는 그림책 하브루타에 관련한 연구 논문을 발표하게 되었고, 이제 교육 현장과 가정에 그 구체적 질문놀이 방법을 소개하려고 합니다.

공감과 창의성은 미래 사회에 절대적으로 필요한 소양입니다. 우리는 자라나는 세대에게 이 두 가지 능력을 키워줘야 할 책임이 있습니다. 공감과 창의성은 떼려야 뗄 수 없는 관계에 있습니다. 그림책을 통해 공감 능력과 창의성 기르는 질문놀이를 할 수 있습니다. 가정과 교육 현장에서 공감과 창의성을 동시에 키워주는 질문놀이 하브루타를 활성화할 때 아이들에게 꼭 필요한 사람을 향한 따뜻한 창의성, 즉 인문학적 창의성이 길러집니다.

다음(표)은 2017년 저자가 개발한 그림책 하브루타 질문 모형과 2021년 공,창(공감과 창의성) 질문 모형을 비교하여 설명한 것입니다. 그림책을 읽은 후 질문하는 과정은 비슷합니다. 다만 마음 하브루타에서 공감 질문을 구체적으로 세분화하고, 생각 하브루타에서 창의성 질문을 더 하는 것이 특징입니다.

공감 하브루타에서는 공감의 3요소(인지, 정서, 표현적 공감)에 맞게 질문을 함으로 아이들의 공감 능력을 더욱 확장시킨다는 데 의미가 있습니다.

창의 하브루타에서는 창의성의 5가지 요소(유창성, 융통성, 독창성, 정교성, 상상력)를 살펴보고 각각의 요소들을 활성화시킬 수 있는 질문을 하는 것입니다.

이렇게 유아기부터 그림책을 통해 공감 능력과 창의성을 키워주는 질문을 받으면 어떨까요? 재미있게 놀이하면서 공감 능력과 창의성이 길러지겠죠. 창의적인 시각이 생기고 창의적으로 생각하는 습관이 생기게 될 것입니다. 의도하지 않고 학습하지 않아도 자연스럽게 놀이를 통한 배움이 일어납니다.

★ 〈그림책 하브루타 질문 모형〉과 〈공감 능력과 창의성 질문 모형〉

	그림책 하브루타 질문 모형 (2017)	공감 능력과 창의성 질문 모형(2021)
그림책 읽기 전	동기 하브루타	흥미 유발 하브루타 표지 관찰하기 제목 보고 질문놀이
그림책 내용 읽기	내용 하브루타	내용 이해 하브루타 내용 속 상황을 이해하는 질문놀이
그림책 내용 읽은 후	마음 하브루타	공감 하브루타 공감 능력을 길러주는 질문놀이 (인지적, 정서적, 표현적) -〉상,감,표 3총사
	생각 하브루타	창의 하브루타 창의성을 길러주는 질문놀이 (유창성,융통성,독창성,정교성,상상력) -〉또, 다른, 나, 왜, 만약 5총사
	적용 하브루타	적용 하브루타 일상생활 속에 적용하여 실천할 수 있는 질문놀이
	표현 하브루타	표현 하브루타 표상이나 조형 활동, 게임 등 질문놀이를 확장하는 활동

공감 능력을
길러주는
질문놀이

요즘 아이들의 공감력은 얼마나 될까요?

부모교육을 하다 보면 요즘 아이들이 얼마나 공감 능력이 떨어지는지에 대한 충격적인 이야기를 많이 듣게 됩니다.

《이까짓 거》라는 그림책으로 초등학교 2학년 딸과 친구를 데리고 하브루타를 했다고 합니다. "비 오는 날 우산도 없고 엄마가 데리러 오지 않았을 때 주인공의 마음은 어떨까?"라고 질문했습니다. 그런데 딸아이와 그 친구까지 그림책 속 아이의 마음을 전혀 공감하지 못했다고 합니다.

"괜찮아 방과 후 교실에서 엄마한테 전화하면 돼."
"그냥 뛰면 되지 뭐."

문제 해결 방법은 알지만 공감하는 마음은 없다는 것입니다.

요즘 아이들은 비 오는 날 데리러 가지 못하는 일이 없습니다. 혹 못 가도 누군가에게 부탁을 하거나 학원에서 시간 맞춰 데리고 갑니다. 우산 없는 상황의 당황스러움도, 흔치만 그런 상황일 때 남들의 시선에 대한 위축됨도 느껴볼 기회가 없는 것입니다.

공감도 훈련입니다. 인지적인 알아차림과 정서적 공명과 감염 그리고 표현하는 사회적 기술을 보고 배우고 훈련해야 길러집니다.

SNS를 통해 공유된 기가 막힌 시가 하나 있습니다. 초등학교 2학년 아이가 지은 '아빠'라는 시입니다.

엄마가 있어 좋다! 나를 이뻐해 주어서.
냉장고가 있어 좋다! 나에게 먹을 것을 주어서.
강아지가 있어 좋다! 나랑 놀아주어서.
아빠는 왜 있는지 모르겠다!

어쩌면 시를 쓴 아이 아빠는 사랑보다 고통을 많이 주는 존재일 수도 있습니다. 그러나 먹을 것도 있고 집에 강아지도 키울 수 있도록 한 환경을 보면 고마울 일이 없지는 않아 보입니다. 여러 사정이 있겠지만 아빠의 마음을 공감하지 못해서이지 않을까 하는 생각도 해봅니다.

한 유치원 선생님이 아빠에게 감사한 것을 그림 편지로 그려보자고 했답니다. "아빠는 매일 늦게 와서 감사한 게 없어요"라고 반응한 아이들이 여러 명이었다고 합니다. '힘든 아빠'라는 공감이 없다고 걱정하던 모습이 떠오릅니다.

공감 능력도 경험과 훈련으로 길러집니다. 현재 아이들은 공감을 직접 경험할 환경이 제공되지 않습니다. 부모의 관리 감독 아래 늘 안전하게 보호되고 있기 때문에 오히려 관계를 직접 경험할 기회가 적습니다.

친구의 마음도, 불편한 감정도 아이가 스스로 보고 듣고 느끼고 공감할 기회가 없는 것입니다.

그림책 질문놀이 하브루타는 그림책 속 인물과 상황을 통해 간접적으로 공감을 경험할 수 있는 도구가 됩니다. 그림책 질문 모형의 마음 하브루타를 확장한 질문들로 공감 능력을 향상시킬 수 있습니다.

공감 능력을 올려주는
그림책 질문놀이 3단계

공감 능력을 올려주는 질문은 크게 세 가지 단계(인지적, 정서적, 표현적 공감)로 나눌 수 있습니다.

첫째는 인지적 공감입니다. (상황을 이해하는 질문 대화)
그림책 안에서 인지적 공감은 등장인물이 상황과 치지가 어떤지 이해하는 것입니다.
다른 사람이 처한 상황을 헤아려 보는 질문 대화를 할 수 있습니다.

"잠에서 깨어나 앞서간 거북이를 보는 토끼는 어땠을까?"
"화가 났을 거 같아요."
"왜 그렇게 생각해?"
"경주하다가 잠들어버렸으니까요."
"아, 자기 자신에게 화가 난 거구나. 그럴 수도 있겠다."
"그럼, 결승선에서 뛰어오는 토끼를 바라보는 거북이는 마음이 어땠을까?"

"미안했을 거 같아요."

"토끼에게 미안한 거구나, 왜 그렇게 생각해?"

"자고 있는데 깨우지 않고 살금살금 결승점에 도착했잖아요."

"아, 거북이가 살금살금 간 거구나. 토끼 깨지 않게 하려고, 그럼 미안할 수도 있겠다."

이렇게 대화를 이끌어갈 수 있겠지요. 여기서는 상황을 바라보는 시각에 따라 공감의 내용도 달라집니다. 아이가 인식하는 상황에서 마음을 생각해보는 질문을 할 때 더 깊은 공감으로 나아갈 수 있습니다.

둘째는 정서적 공감입니다. (감정을 공유하여 함께 느끼기)
그림책 안에서의 정서적 공감은 주인공이나 등장인물이 느끼는 감정을 동일하게 느끼는 것입니다. 슬퍼하거나 웃거나 하는 감정을 공유하는 것입니다. 자신이 느껴봤을 법한 경험을 떠올리며 상대의 감정을 공유할 수 있도록 돕는 질문을 하면 좋습니다.

"경주에 진 토끼는 기분이 어떨까?"
"너~무 화가 났을 거예요. 후회도 되고."
"토끼처럼 뒤늦게 후회한 적이 있었니?"
"지난번 학교 숙제할 때요. 잘 할 수 있었는데 하다 보니 시간이 너무 부족했어요."
"시간이 너무 부족해서 잘할 수 있었는데 마음껏 못했던 경험이 있구나."
"네, 그래서 서두르시 않은 것이 후회됐어요."
"그랬구나, 그래서 토끼가 후회될 거라고 생각했구나."

정서적 공감은 정서를 공유하는 것입니다. 상대방과 비슷한 경험을 했다면 공유된 경험과 대리 경험을 통해 정서를 공유하기는 훨씬 쉬워집니다.
아이가 그림책 속 인물의 상황과 비슷한 경험을 한 것이 있는지 떠올리는 질문을 합니다. 그리고는 등장인물과 아이의 감정을 연결하고 확장하는 질문을 하는 것입니다. 머리로 이해하는 인지적 공감에서 한 단계 더 들어가는 느껴지는 공감을 경험하게 됩니다.

마지막 단계는 표현적 공감입니다. (표현 기술 질문 대화)

공감 능력의 요소 중 표현적 공감(사회적 기술)은 타인의 내면의 이해된 바를 정확하게 친 사회적으로 표현하는 기술을 의미합니다. 즉, 다른 사람의 내적 경험과 주관적인 심리상태를 내가 느낀 감정처럼 이해하고 표현하는 의사소통적 요소입니다. 공감을 표현하기 위해 무엇을 해줄 것인가를 생각하는 질문 대화 단계입니다.

"토끼를 위해서 뭘 해줄 수 있을까?"
"시원한 아이스크림 주면서 위로하고 싶어요."
"그렇구나. 어떻게 위로를 해주면 좋을까?"
"괜찮아, 실수할 수도 있지. 다음에 잘하면 돼. 이렇게 말해 줄 거예요."
"그 말을 들은 토끼는 마음이 어떨까?"
"기분이 좋아졌을 거 같아요."

공감 능력의 요소인 인지, 정서, 표현적 공감은 어느 한 가지 요소에 치우칠 수 없이 상호 영향을 주고받는 복합적인 개념입니다. 이러한 공감 능력은 선천적으로 타고나기도 하지만 경험하거나 훈련에 의해 습득될 수 있는 기능입니다.

3단계의 공감이 완성되어야
창의성으로 연결됩니다

그림책의 등장인물을 통해 타인의 감정을 이해하고, 대리 경험하는 질문놀이는 아이들의 공감 능력을 향상시키는 긍정적 효과가 있습니다. 그러나 머리로만 공감하는 것에 머물지 않고 표현하며 친 사회적 행동으로 실천하는 데까지 나아갈 때, 공감은 창의성으로 발전하게 됩니다. 적극적인 방법을 생각하고 행동하는 것은 새로운 아이디어를 실행하는 창의적인 결과물이기 때문입니다.

3단계의 공감 능력을 일상생활에 적용해 보겠습니다.

먼저 인지적 공감 단계가 있습니다. 이것은 알아차림입니다.

친구가 화장실이 급하다고 달려옵니다.

'왜 저렇게 빨리 뛰어올까? 아하! 엄청 급한 모양이다.'

친구의 상황과 처지를 이해하는 것입니다.

두 번째는 정서적 공감입니다.

친구가 얼굴이 붉어지는 것을 보고 나도 그랬던 적이 있다는 것을 떠올립니다. 그리고는 그 급한 마음을 마치 내게 일어난 것처럼 느끼는 공감하는 것입니다.

친구는 지금 어떤 느낌일까?

아하! 배가 아파서 고통스럽고 싸게 될까봐 겁나겠다.

내가 급했을 때의 경험을 떠올리며 정서적으로 공감했다면 어떤 일이 일어날까요?

"친구야 너 먼저 들어가!"

순서를 양보해 줘야겠다는 마음이 듭니다. 이것이 친 사회적 표현적 공감입니다. 어떻게 하면 좋을까? 그것이 공감의 마지막 단계입니다.

공감 능력은 이 마지막 단계까지 이르러야 합니다. 창의성은 바로 이 마지막 단계의 공감에 이르렀을 때 발휘가 됩니다. 몸이 불편한 친구의 마음과 상태를 알아차리고, 함께 느끼고, 그런 다음 그 친구를 위해 무엇을 해줄 수 있을까 고민하는 것. 그 단계에서 사람을 위한 인문학적 창의성이 발휘되는 것이기 때문입니다.

창의성을 길러주는
그림책 질문놀이
HOW

아동 심리학자 피아제는 이렇게 말했습니다.

"인간에게는 두 가지 지적 능력 있다. 하나는 이해하는 지적 능력이고, 다른 하나는 창조하는 지적 능력이다. 유아에게는 이해하는 능력보다 창조하는 능력이 더 많다."

그의 말처럼 창의성을 길러주기 위해서는 어릴수록 효과적입니다.

창의성을 키우는 데 가장 중요한 것은 질문하는 능력입니다. 질문이 생기지 않는다면 알고 싶은 동기부여도 되지 않고 즐거운 배움도 일어나지 않기 때문이죠.

세계적인 물리학자 앨버트 아인슈타인은 이렇게 말했습니다.

"아주 중요한 것은 질문하기를 멈추지 않는 일이다. 호기심은 그 자체만으로도 존재 이유가 있다."

이 세상을 놀라게 한 창의적인 산물들이 질문에서부터 시작되었기 때문입니다.

창의성이 길러지는
질문들이 있습니다

그러면 창의성이 길러지는 질문들은 어떻게 할 수 있을까요?

창의성이 길러지는 질문을 만들려면 먼저 창의성의 무엇인지를 알아야 합니다. 그래야 창의적인 생각 습관을 가지도록 적절하고 유용한 질문을 만들 수 있습니다.

물론 그림책을 재미있게 읽고 아무거나 떠오르는 질문으로 대화만 나누어도 기존의 책놀이와는 크게 다른 효과가 있습니다. 그러나 모든 유아가 가지고 있는 창조성에 날개를 날아주기 위해 '더 좋은 질문이 무엇일까?'를 고민하는 것은 당연한 일입니다.

부탁드릴 것은 한 권의 그림책 안에서 이 모든 질문들의 효과를 보려고 하지 마십시오. 또 많은 질문들을 한 번에 쏟아내지 마십시오.

가장 중요한 것은 이것입니다.

아이의 흥미가 사라진다면 우리가 아무리 좋은 방법을 제시해도 놀이가 될 수 없습니다. 그러니 아이의 반응을 살피며 천천히 조금씩 확장해 가야 합니다.

창의성을 구성하는 요인은 여러 가지이며 구성요소를 정의하는 학자들도 다양합니다. 그중 필자는 창의성의 구성요소를 5가지로 정리하려고 합니다. 보편적인 창의성은 유창성, 융통성, 독창성, 정교성으로 정의합니다.

그러나 유아들에게 기존의 생각이나 사물을 세밀하게 구체화시켜 표현하는 정교성은 어려운 과제입니다. 따라서 이 책에서는 "왜 그렇게 생각해?"라는 질문에 "왜냐하면~?"이라고 대답하며 생각을 다듬어 가도록 했습니다. 또한 상상력을 기르는 질문을 첨가했습니다. 상상력은 유아기에 가장 왕성한 사고 활동의 영역이기 때문입니다.

★ 창의성의 구성요소와 창의성을 키우는 질문

구성요소	구성요소별 특성	창의성을 키우는 질문
유창성 fluency (많이)	한정된 제한 속에 상황과 물건에 관해 가능한 많은 아이디어를 표현하는 능력	또 누가 있나요? 또 무엇이 필요한가요? 또 어떻게 할 수 있나요?
융통성 flexibility (다르게, 다양하게)	같은 상황을 다양한 관점에서 조망하여 다른 생각을 표현하는 능력	다른 방법은 무엇이 있나요? 다른 무엇으로 바꿀 수 있을까요? 다른 쪽으로 보면 무엇이 보이나요?
독창성 originality (나만의~)	다른 사람과 다른 새롭고 독특한 생각이나 산물을 표현해 내는 능력	나라면 어떻게 느껴졌을까요? 나라면 어떻게 말했을까요? 나만의 표현(그림,몸)을 한다면 어떻게 할까요?
정교성 elaboration (왜?)	떠오르는 생각이나 사물을 세밀하게 구체화시켜 표현하는 능력	왜 그렇게 생각했나요? 더 좋은 생각은 무엇이 있을까요? 다시 바꿔서 말하고 싶은 것은 무엇인가요? 더하거나 빼고 싶은 말이 있나요?
상상력 imagination (만약에 ~라면?)	가상적인 상황에 대해 실제로 경험하지 않은 것을 떠올려 표현하는 능력	만약에 다른 곳이라면 어떨까요? 만약에 다른 누구라면 어떻게 될까요?

유창성: 주어진 제한 가운데 가능한 많은 양의 아이디어를 표현하는 능력.

핵심 질문) 또? 또? 또? 무엇이 있을까요?

토마토로 만들 수 있는 또, 다른 음식은 무엇이 있을까요?

융통성: 고정된 사고를 변환하거나 그와 다른 다양한 해결책을 찾아 표현하는 능력.

핵심 질문) 다른 방법은 무엇이 있을까요?

할머니에게 보답할 수 있는 다른 방법은 무엇이 있을까요?

독창성: 어떤 상황에서 남들과 다른 독특하고 참신한 나만의 아이디어를 찾아 표현하는 능력.

핵심 질문) 나라면 어떻게 할까요?

나라면 할머니에게 어떤 음식을 가지고 갈까요?

정교성: 기존의 아이디어를 보다 구체적이고 세밀하게 구체화 시켜 표현하는 능력.

핵심 질문) 왜 그렇게 생각해? 왜냐하면~

왜 그렇게 생각해?

왜 사람들이 스튜를 더 먹고 싶어서 왔다고 생각했을까요?

상상력: 실제 경험하지 않은 가상 상황에서도 상태나 사물의 이미지를 떠올려 표현하는 능력.
핵심 질문) 만약에~라면 어떨까요?
만약에 아무도 찾아오지 않았다면 할머니는 어떻게 했을까요?

이와 같은 창의성을 기르는 질문을 잘 기억하기 위해, 우리는 창의성을 기르는 질문 5총사(또, 다른, 나, 왜, 만약)를 기억하기로 약속합니다.

창의성 질문놀이도
기대됩니다

2017년 그림책 하브루타 질문 모형 개발 이후 '그림책을 활용한 하브루타 활동이 유아의 창의성에 미치는 영향'에 대하여 연구 논문을 쓰게 되었습니다. 유아의 창의성에 긍정적인 영향을 미치는 구체적인 하브루타 질문법이 궁금하였습니다. 자발적 호기심은 답을 찾기 위한 도전으로 이어졌습니다. 연구는 생각보다 오래 시간이 걸렸습니다. 임상 수업을 진행할 때마다 학습자들은 창의성 질문에 많이 낯설어했습니다.

창의성을 길러주는 질문이라는 방법은 환영하지만 익숙해지기가 쉽지 않다는 것이 학습자들의 반응이었습니다. 그때 하브루타 질문놀이 수업을 수년간 유치원에서 적용하고 있는 선생님 한 분께 큰 격려를 받았습니다.

"소장님 처음에 우리 반 친구들은 질문에 답하는 것도, 떠오르는 질문을 말로 표현하는 것도 못했어요. 그런데 지금은 저를 따라서 잘해요. 만약에 피리가 없었다면 어떻게 되었을까? 왜 울고만 있을까? 하며 친구에게 질문합니다. 창의성을 길러주는 질문놀이도 기대됩니다. 저를 따라 또? 또? 또? 뭐가 있을까? 하고 질문할 아이들 모습이 그려집니다."

아이들은 스폰지입니다. 처음에는 낯설어해도 금방금방 쭉쭉 빨아들입니다. 어느새 질문은 습관처럼 대화에 녹여져 나온다고 합니다.

창의성 질문도 기대된다는 그 선생님의 말씀에 저는 힘이 났습니다. 그래서 더 열심히 연구하게 되었습니다. 그림책으로 하는 질문 활동 자체가 아이들의 공감과 창의성을 길러주는데 도움이 됩니다. 그러나 공감과 창의성의 구성요소에 맞는 질문을 좀 더 세부적으로 익히면 좋지 않을까. 가정에서 그리고 교육 기관에서 구체적인 질문을 익혀서 습관처럼 사용한다면 유아의 창의성 발달에 도움이 되지 않을까 생각했던 것입니다.

부모나 교사가 먼저 질문에 자유로워져야 합니다. 창의성을 길러주는 질문을 배우고 익혀 질문의 상호작용 수준을 높일 수 있습니다. 비고츠키가 말하는 비계(飛階)설정, 즉 스캐폴딩입니다. 아이들의 창의성이 높이 날아오를 수 있도록 좋은 질문으로 창의성의 발판을 만들어줄 수 있습니다.

다음 장에서 좀 더 즐겁게 놀이처럼 그림책 질문놀이로 공감과 창의성을 올려주는 기법들을 소개해 두었습니다. 가정이나 교육 현장에서 활용할 수 있는 놀이들입니다. 쉽고 재미있게 그림책을 통해 아이의 공감 능력과 창의성을 높여주는 질문놀이를 시작해 보세요.

5장

공감 능력과 창의성 기르는 그림책 질문놀이 6단계

1단계... 흥미 유발 하브루타
표지 읽기 질문놀이

그림책 표지 읽기는 그림 읽기와 글 읽기 크게 두 가지로 나눌 수 있습니다. 교육 현장과 가정에서 이미 활용하며 긍정적인 효과를 보고 있는 질문놀이를 소개하겠습니다.

가정에서 진행한다면 가족 수 만큼 모둠으로 돌아가며 놀이하거나 두 명씩 짝을 지어 진행하기도 합니다. 딱 정해진 것이 아니므로 가정 상황에 맞게 적용하면 됩니다.

1. 그림 읽기 심층시

1) 다!까? 질문놀이

'다!까? 놀이'는 '다'를 '까'로 바꾸는 말놀이입니다. 관찰력을 높여줍니다. 창의성은 관찰에서 시작되죠. 호기심을 가지고 관찰하다 보면 많은 것들이 보입니다. 한 번 보고 넘겨버릴 표지 장면을 놀이를 통해 더 자세히 바라보게 됩니다. 더 많은 것들을 발견하고, 세밀한 것들까지 관찰하게 됩니다. 관찰은 습관이 되고 창의성 발달의 기초가 됩니다.

먼저 그림책의 표지 그림을 1분 정도 바라봅니다. 무엇이 보이는지 관찰하여 발견한 것을 말합니다. 그때 엄마나 교사가 맞장구를 쳐주면 더 신이 나서 찾게 되고 자연스러운 말놀이로 이어집니다.

표지 그림을 보세요.
무엇이 보이나요?

괜찮아

최숙희 지음(웅진주니어)

여러 동물들이 등장하여 특징과 강점을 알게 해주는 그림책입니다.

"개미는 작아"라고 꼬마 여자아이가 이야기하고 개미는 "괜찮아! 나는 힘이 세"라고 말합니다.
꼬마 여자아이는 뱀을 보며 "뱀은 다리가 없어"라고 놀리듯이 말하고 뱀은 "사사삭 어디든 잘 기어가"라고 합니다. 또 어떤 동물들이 괜찮아라고 할까요?

엄마: 무엇이 보입니까? 무엇이 있습니까?

아이: 친구가 있습니다.

엄마: 친구가 있습니까? 빨간색이 보입니다.

아이: 빨간색이 보입니까? 아이가 웃습니다.

엄마: 아이가 웃습니까? 분홍색 옷을 입었습니다.

아이: 분홍색 옷을 입었습니까? 머리를 콩순이처럼 했습니다.

엄마: 머리를 콩순이처럼 했습니까? 기분이 좋습니다.

아이: 기분이 좋습니까?

상대방이 발견한 것을 말할 때마다 질문의 말(까?)로 바꾸어 줍니다. 최대한 많이 다양한 것들을 모아 볼 수 있는 효과를 얻을 수 있습니다.

엄마: 무엇이 보입니까?

아이: ~~~보입니다.

엄마: 아하~~~보입니까?

이러한 형태로 반복합니다. 이때 까로 바꿀 때는 '아하 그걸 발견했어?'라는 의미로 북돋움의 마음을 담아 목소리를 높여줍니다.

   엄마와 아이는 더 찾아낼 것이 없다고 여겨질 때까지 역할을 바꿔가며 계속할 수 있습니다. 이때 아이의 언어 발달 수준이나 습관에 따라 다체를 까체로 혹은 요체를 까체로 바꾸어 자연스럽게 이어가면 됩니다.

2) 왜? 다!까? 질문놀이

   '왜? 다!까? 놀이'는 위의 '다!까? 놀이'에 왜?를 붙인 말놀이입니다.

   질문은 생각을 부르고 생각이 떠오르면 표현하고 싶어집니다. 질문을 어떻게 만드는 것인지 말놀이로 자연스럽게 연습하게 됩니다.

   아이가 웃고 있습니다 → 왜 아이가 웃고 있습니까?

   아이가 분홍색 옷을 입고 있습니다 → 왜 아이가 분홍색 옷을 입고 있습니까?

   이렇게 왜?를 넣어 까?로 바꾸면 됩니다. 이때 놓치지 않고 질문 대화로 연결할 수 있습니다.

엄마: 왜 아이는 분홍색 옷을 입고 있을까?

아이: 음 분홍색을 좋아해서

엄마: 왜 분황색을 좋아할까?

아이: 공주니까 공주는 분홍색 좋아해, 나도.

엄마: 아하, 공주들은 분홍색을 좋아하지. 엄마도 좋아 분홍색.

이렇게 질문 대화로 자연스럽게 연결하며 아이를 말놀이로 초대할 수 있습니다.

3) 무슨, 무엇을, 또? VTS 그림읽기

그림책을 활용한 하브루타를 할 때 시지각 능력을 통해 읽어내는 정보가 가장 많은 양을 차지합니다. 그림이 포함되어 있으니 시각적 정보가 더욱 중요하죠. 시지각은 사람이 정보를 습득하는데 가장 큰 역할을 합니다.

세계적인 매체학자 M. 맥루한 박사는 우리의 머릿속에 기억되는 정보의 약 99.9%가 시각적 정보력을 통한 것이라고 말했습니다. 청각에 비해 무려 580배 정도로 시지각을 통해 가져오는 정보가 많다고 합니다.

시각적 사고 전략을 활용한 효과적인 그림 감상 프로그램이 있습니다. 뉴욕 현대미술관 '모마'는 미술작품 감상을 돕는 교육프로그램으로 VTS(Visual Thinking Strategies) 시각적 사고 전략을 활용한 질문법을 활용합니다.

시각적 사고 전략 VTS는 인지심리학자인 아비가일 하우젠(Abigail Housen)과 뉴욕 현대미술관의 교육 감독인 필립 예나원(Philip Yenawine)에 의해 1980년대에 개발된 학습 방법입니다.

시각적 사고 전략 VTS 프로그램은 미술작품을 감상할 때 세 가지 질문을 가지고 이야기를 나누는 방식으로 진행됩니다.

> 1. 이 그림에서 무슨 일이 일어나고 있나요?
> 2. 무엇을 보고 그렇게 생각했나요?
> 3. 또 무엇을 알 수 있나요?

이러한 3단계를 질문놀이에 적용해 봅니다. 이 기술은 그림책의 그림을 자세히 관찰하고 예민하게 포착할 수 있는 힘을 키워줍니다.

또한 그림책 표지나 내용 중 특별한 이미지를 보고 많은 양의 정보를 모읍니다. 많은 정보는 자신 있게 표현하는 밑천이 되기 때문에 유창성을 길러주게 됩니다.

그림책은 그림(미술)과 글(문학)이 결합 된 예술작품입니다. 그림을 효과적으로 읽어내는 연습 필요합니다. VTS 방식을 활용하여 자세히 관찰하고 예민하게 포착할 수 있는 습관을 기를 수 있습니다.

Good News! Bad News!

Jeff Mack(Chronicle Books; First Edition)

이책에는 내용전체에 Good News, Bad News로만 글이 씌여있습니다. 글없는 그림책과 글있는 그림책의 중간역할과 같은 책이지요. 어느날 토끼가 소풍바구니를 들고 생쥐를 찾아오면서 둘의 소풍이 시작됩니다. 그런데 그때 비가 오기 시작하고 토끼의 바구니에서 우산을 꺼내 생쥐를 씌어줍니다. 새찬 바람까지 불어오자 생쥐가 바람에 날아가 버리게 되지요. 겨우 나무아래 앉은 생쥐의 머리에 이번엔 사과가 우두둑 떨어집니다. 떨어진 사과가 맛나게 보이기만 하는 토끼가 미소를 짓습니다. 토끼와 생쥐의 소풍날에 또 어떤일들이 벌어질까요?

엄마: 이 그림을 봐, 그림 안에 무슨 일이 일어나고 있니?

아이: 쥐가 화가 났어요.

엄마: 무엇을 보고 그런 생각을 했니?

아이: 쥐가 팔짱 끼고 눈을 무섭게 뜨고 있잖아.

엄마: 아하, 쥐가 팔짱을 끼고 눈을 치켜 뜨고 있어서 그렇게 생각했구나. 또 무엇을 알 수 있을까?

아이: 토끼가 먹던 사과를 줘서 쥐가 화났어요.

엄마: 토끼가 먹던 사과를 줘서 쥐가 화가 났다고 생각하는구나!

아이: 토끼와 애벌레가 쥐를 놀리고 있어요.

엄마: 또 무엇을 더 알 수 있지?

아이: 좋아 글씨랑 토끼 색깔이 같아요. 쥐의 귀가 조금 찢겨 있어요.

그림 읽기 삼총사 질문놀이의 목적은 다음과 같습니다.

첫째, 관찰하여 발견하는 중에 호기심이 자라도록 합니다.

둘째, 북돋움으로 짝 놀이 하는 중에 자신감이 생기도록 합니다.

셋째, 교육 현장이나 가정에서 구성원 모두에게 역할을 주어 소외되는 사람이 없도록 합니다.

넷째, 처음 하는 짝 대화가 어색하지 않고 놀이로 연습이 되도록 합니다.

다섯째, 어렵게 느껴지는 질문 만들기 시작을 쉽게 만들어 주는 놀이입니다.

여섯째, 제일 중요한 것은 아이가 주도적으로 참여하고 이끌어 가며 그림책을 활용한 재미있는 놀이 배움이 일어나도록 하기 위함입니다.

2. 글 읽기(제목 읽기)

핑

아니 카스티요 지음(달리)

살아가면서 만나는 수많은 사람들과 관계를 맺는 법을 알려주는 이야기입니다. 우리가 핑을 하면 친구는 퐁을 해요. 모든 게 상상한 대로라면 좋겠지만 기대했던 것과 다르더라도 실망하거나 움츠러들 필요는 없어요. '퐁'은 친구의 몫이니까요. 어떤 대답이 돌아올지는 우리가 정할 수 있는 게 아니거든요. 우리의 생각, 마음, 꿈을 실천하는 것이 '핑'이지요.
어떤 《핑!》이 세상을 아름답게 할 수 있을까요?

표지 읽기 후 책 제목 만들기

글을 알고 있다면 가끔씩은 제목을 가리고 창작하는 기쁨을 놓치지 않으시길 바랍니다.

표지의 그림 읽기 놀이를 충분히 했다면 나만의 제목 짓기는 너무 쉬울 것입니다. 작가의 제목 맞추기가 아니라 '나는 이렇게 짓고 싶어'라는 제목을 떠올려 보세요.

이 책 제목을 뭐라고 정하고 싶은가요?

새 제목을 말할 때마다 박수로 "멋진 제목!!"이라고 칭찬해 주는 것을 잊지 마세요.

육하원칙 질문 만들기

표지의 제목을 읽고 육하원칙으로 질문을 만들어 보는 놀이입니다.

육하원칙 주사위를 굴려 나오는 육하원칙 중 하나에 맞게 질문을 만들어 보세요.

언제: 언제 용감해야 할까? 시간이 언제일까?

어디서: 어디를 가고 있을까? 어디에서 일어난 일일까?

누가: 누구일까? 누구를 만나러 갈까? 누가 나올까?

무엇을: 손에 무엇을 들고 있을까? '펑'은 무슨 소리일까? 무

엇을 입고 있는 걸까?

어떻게: 어떻게 '펑'을 할까? 어떻게 해결할까?

왜: 왜 손이 하나일까? 왜 혼자 있을까? 왜 빨간 색일까?

3. 함께 읽기

그림(표지 그림)과 글(책 제목)을 읽고 떠오르는 질문 대화로 그림책 내용을 유추, 추론, 상상해 보는 놀이입니다.

'펑'은 무슨 소리일까?
'펑'은 누구일까?
왜 부채를 들고 있을까?
빨간 옷은 누구일까?
'펑'은 어디서 쓰는 말일까?

이 정도면 책 내용이 너무 궁금해집니다. 읽어야 할, 읽고 싶은 이유가 생긴 것입니다. 내용으로 들어가 봅니다.

2단계...내용 이해 하브루타
내용 이해 질문놀이 삼총사

그림책을 읽어주고 나면 어른들은 궁금합니다. 잘 들었는지, 잘 이해했는지, 확인하고 싶습니다. 그러나 아이들이 가장 싫어하는 부분이 바로 이 확인한다고 느껴지는 부분입니다.

물론 그림책을 읽기만 해도 정서적인 안정과 풍요로움을 만끽합니다. 그러나 그림책 내용의 사실을 기억하고 내용을 이해하는 것도 중요합니다.

아이들의 내용 이해를 즐겁게 돕는 방법이 있습니다. 내용 이해를 위한 질문이 확인하기가 아닌 놀이가 되도록 하는 것입니다. 놀이를 통한 배움은 즐겁습니다. 자발적입니다. 효과면에서도 뛰어납니다. 아이가 주도적으로 기억할 수 있도록, 이해

안 되는 말이 무엇인지 찾아낼 수 있도록 놀이와 연결해 주면 좋습니다. 그림책 내용 이해를 돕는 세 가지 놀이를 제안합니다.

1. 열 단어는 무엇입니까?

"그림책을 읽고난 후 기억나는 열 개의 단어는 무엇입니까?" 질문을 하고, 10개의 네모 칸에 쓰도록 합니다.

이때 아직 글씨를 쓸 수 없다면 이미지로 사물이나 사람을 그리면 됩니다.

할머니의 식탁

오게 모라 지음 (위즈덤하우스)

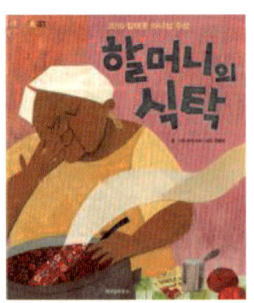

오무 할머니는 커다란 냄비에 저녁에 먹을 걸쭉한 토마토 스튜를 끓였습니다. 토마토스튜의 맛있는 냄새를 맡고 동네 꼬마, 경찰관, 핫도그 장수, 택시 운전사, 의사 등등 마을 사람들이 오무 할머니 집 문을 두드리고 할머니는 찾아오는 사람들마다 토마토 스튜를 기꺼이 나누어 줍니다. 오무는 날이 어두워질 무렵 스튜를 먹으려고 냄비 뚜껑을 열었는데 냄비는 텅 비어 있었습니다. 잠시 후 노크 소리에 문을 열자 꼬마 아이, 경찰관, 핫도그 장수, 시장 등등 오무 할머니가 토마토 스튜를 나눠 준 사람들이 모두 서 있었습니다. 이웃들은 왜 다시 찾아 왔을까요?

다음 그림은 쌍둥이 자매가 엄마와 함께 《할머니의 식탁》이라는 그림책을 보고, 내용 이해 질문놀이를 한 사례입니다. 책을 읽고 기억나는 10개의 단어를 그림으로 그렸네요. 그 다음 짝을 이루어 어떤 것이 기억에 남았는지 하나씩 이야기합니다.

"친구야 무엇이 생각나니?"

"나는 오모 할머니가 생각나!"

"아하 그렇구나. 친구야 너는 무엇이 생각나니?"

"나는 자동차가 많은 길이 생각나!"

"아하 그렇구나"

이렇게 짝과 이야기를 회상하는 놀이를 하는 동안 내가 놓

친 이야기를 짝에게 들을 수 있습니다. 이때 같은 것을 그렸다면 "나도"라고 외치고, 혼자서만 그렸다면 "나만"이라고 말합니다. 놀이에 재미를 더해 줄 수 있습니다.

2. 주, 원, 문, 해는 무엇입니까?

그림책의 내용을 이해하기 위해 도입되는 기술 중 하나로 SWBS(주,원,문,해) 방식이 있습니다. 캘리포니아 주립 대학의 바바라 슈미트 박사의 이해 기술을 말합니다.

Somebody 누군가,
Wanted 무엇을 원했다,
But 그런데 방해가 되는 문제가 있다,
So 그래서 그 문제를 해결해야 한다.

주인공, 원하는 것, 문제는 무엇, 해결은 어떻게?
이렇게 네 가지 질문으로 내용 이해를 돕는 전략입니다.
다시 풀어보면 이러합니다.

1) 주인공은 누구인가요?

2) 주인공이 원하는 것은 무엇인가요?

3) 그런데 무엇이 문제인가요?

4) 어떻게 해결되었나요?

4가지 흐름으로 내용을 이해하는 전략입니다.

> **SWBS(등,원,문,해) 내용 이해 질문놀이 전략**
>
> 나에게 특별한 등장인물은 누구인가요?
> 그가 원하는 것은 무엇인가요?
> 그런데 무엇이 문제인가요?
> 그래서 어떻게 해결했나요?

여기서 저는 '주인공은 누구인가?' 대신 나에게 의미가 있는 '등장인물은 누구인가?'로 바꾸어 활용하고자 합니다. 왜냐하면 그림책을 읽는 사람에 따라 주인공은 다를 수 있기 때문입니다. 등장인물 중 애착이 더 가는 그 인물이 나에게는 주인공일 수 있기 때문입니다.

질문놀이는 "네 생각이 어떠니?"라는 질문을 받음으로 나의 생각을 중요하게 생각합니다. 작가가 의도한 주인공도 있지만 나의 주인공은 각자가 다르게 만들어 낼 수 있기 때문입니다.

내 마음에 더 의미를 주는 혹은 나와 닮은 등장인물이 각자의 주인공이 될 수 있습니다.

《친구가 미운 날》이라는 그림책을 가지고 여자 친구 둘이 등,원,문,해 전략으로 내용 이해 질문놀이 한 사례입니다.

친구가 미운 날

가사이 마리 지음 (책읽는 곰)

하나네 집에서 유우가 그림 그리는 숙제를 함께 하기로 했습니다. 하나는 아껴 두었던 새 크레용을 꺼냈습니다. 새것인 예쁜 크레용을 친구에게 보여주며 슬쩍 자랑하고 싶었습니다. 그런데 유우가 흰색 크레용을 빌려 달라고 했습니다. 닭을 색칠하던 유우는 흰색 크레용이 부족했습니다. 하나는 난처합니다. 우물쭈물 망설이다 단짝 친구 하나의 부탁이니 빌려 줍니다. 하나는 크레용을 빌려준 후 그림을 그릴 수가 없습니다. 꾹꾹 눌러가며 힘주어 색칠하는 유우를 바라보느라 조마조마합니다. 그런데 그때 뚝! 하얀 새 크레용이 부러지고 말았습니다. 하나는 아무 말도 하지 못했습니다. 유우가 집으로 돌아갈 때까지 입을 꾹 다물고 있었습니다. 그날 밤부터 하나의 마음속에 유우에 대한 미움이 쌓여 갑니다. 단짝 친구 하나와 유우는 다시 친해질 수 있을까요?

등) 나에게 특별한 등장인물은 누구인가요?

  유우

원) 그가 원하는 것은 무엇인가요?

  그림을 잘 그리고 싶었어요.

문) 그런데 문제는 무엇인가요?

  흰색 크레파스가 없었어요. 그래서 친구한테 빌렸는데 쓰다 부러뜨렸어요. 친구와 멀어졌어요.

해) 어떻게 해결했나요?

  미술대회 나갈 사람 뽑는 날 용기 내서 말했어요. 그래서 다시 같이 집에 갔어요.

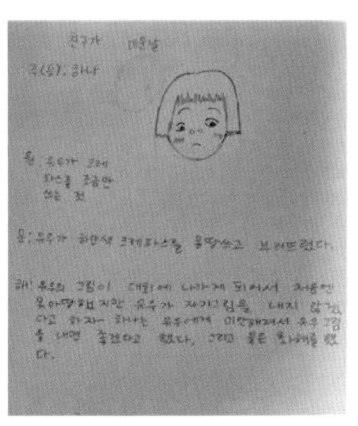 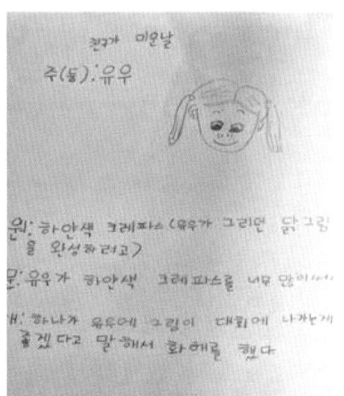

3. 내용 읽고 '유 퀴즈?'

　요즘 유익한 TV 프로그램을 꼽으라면 TVN에서 방송하는 '유 퀴즈 온 더 블럭'을 추천하고 싶습니다. 국내외 유명인사들과 질문과 대화로 공감대를 형성하며 삶의 지혜를 간접 경험하게 해주기 때문입니다.

　진행자는 대화의 마지막 즈음 출연자에게 '유 퀴즈?'라고 묻습니다. 그것을 보면서 떠올린 놀이입니다. 책을 읽고 어른이 책 내용을 질문하면 확인이지만, 아이와 함께 서로 퀴즈를 내어 맞추는 것은 놀이입니다.

　짝꿍 중 한 명이 "유 퀴즈?"라고 물으면 다른 한 명은 "예쓰"라고 답합니다. 그 다음 내용을 읽으면 답을 알 수 있는 퀴즈를 내고 답을 맞추는 놀이입니다.

어느 멋진 아침

아서 A. 레빈 글/김케티 케이트 그림
(아이란)

할아버지와 노아는 매일 노래를 불렀습니다. 그러던 어느 날 할아버지가 노아와 같이하던 좋아하는 일들을 자주 잊어버렸습니다. 어떤 날에는 할아버지가 노아가 누군지 모르는 것 같았습니다. 노아는 다시 할아버지와 같이 할 수 있는 방법을 찾기 위해 노력합니다. 할아버지와 함께하는 아침이 멋진 아침이 되게 해주는 방법을 찾을 수 있을까요?

아이의 퀴즈

-강아지의 이름은 뭘까요?
-언제까지 산책을 하기로 했나요?
-집에는 누구누구 살고 있나요?

엄마의 퀴즈

-노아와 할아버지가 부르지 않은 노래는 무엇인가요?
  1) 둥근 해가
  2) 쏭알 쏭알 싸리 잎에
  3) 둥글게 둥글게
  4) 파는 파랑새의 파
-할아버지가 주무실 때 할머니와 노아는 무엇을 했나요?
-아침에 부르는 노래는 무엇인가요?

3단계... 공감 하브루타
마음 읽기 질문놀이 삼총사
(상황, 감정, 표현)

만약 누군가 울고 있는 것을 본 후 감정의 전염이 일어나 함께 울지만 왜 우는지를 알지 못한다면 제대로 공감을 할 수 없을 것입니다. 또 왜 울고 있는지 이해는 하지만 같은 감정이 일어나지 않는다면 공감하는 표현을 제대로 해줄 수 없을 것입니다.

공감 능력은 경험으로 배우고 또 연습해서 알아야 합니다. 마음을 읽는다는 것은 상대가 처한 상황을 이해하는 것입니다. 또 마치 내가 경험한 것처럼 그 감정을 함께 느끼는 반응입니다. 그랬을 때 적절한 표현이 일어나고 상대에게 공감받았다고 전해집니다. 곧 인지적, 정서적, 표현적 공감이 일어날 때 공감 능력이 발휘되는 것입니다.

그림책에서 만나는 등장인물을 향해 세 가지 질문을 가져봄으로 공감 능력을 훈련 할 수 있습니다.

1. 등장인물 인터뷰 놀이

등장인물 중 하나를 이미지로 출력해서 머리에 띠를 하거나 몸에 붙입니다. 장난감 마이크까지 준비해 주면 더 신이 나서 말놀이를 즐기게 됩니다. 아이가 부담스러워 한다면 처음에는 엄마가 인터뷰를 먼저 시작하며 보여주면 좋습니다. 역할을 바꿔 가며 혹은 등장인물을 바꿔 가며 아래 세 가지 질문으로 인터뷰 놀이를 합니다.

인지(상황 이해) 왜 그랬을까?
정서(감정 공유) 어떤 감정일까?
표현(표현 전달) 어떻게 해주면 좋을까?

Good News! Bad News!

Jeff Mack(Chronicle Books; First Edition)

어느날 토끼가 소풍바구니를 들고 생쥐를 찾아오면서 둘의 소풍이 시작됩니다. 그런데 그때 비가오기 시작하고 토끼의 바구니에서 우산을 꺼내 생쥐를 씌어줍니다. 새찬 바람까지 불어오자 생쥐가 바람에 날아가 버리게 되지요. 겨우 나무아래 앉은 생쥐의 머리에 이번엔 사과가 우두둑 떨어집니다. 떨어진 사과가 맛나게 보이기만 하는 토끼가 미소를 짓습니다. 토끼와 생쥐의 소풍날에 또 어떤일들이 벌어질까요?

엄마: 쥐는 왜 "싫어 싫어"라고 했을까? (상황 이해)

아이: 꼬리가 아파서 그랬어.

엄마: 무엇을 보고 꼬리가 아프다고 생각했어?

아이: 꼬리에 계속 붕대가 있잖아.

엄마: 아프면서 토끼를 계속 따라 다닐 때 기분은 어땠을까? (감정 공유)

아이: 싫었어, 슬펐어, 참았어.

엄마: 쥐에게 어떤 말이나 행동을 해주고 싶어? (표현 전달)

아이: 쥐야 힘들지? 토끼한테 말해 아파서 집에 가고 싶다고, 이렇게 말해주고 싶어.

2. 마음 읽는 말풍선 놀이

그림책 내용 중 등장인물의 마음이 궁금한 장면을 펼쳐 놓습니다.

"지금 ~의 기분은 어떨까?"라고 질문을 한다면 "좋아!" 혹은 "나빠!"라고 간단히 답할 수 있습니다.

더 구체적인 감정 표현을 위해 질문을 바꿔 줍니다.

"지금 ~는 어떻게 하고 싶을까?"
"무슨 말로 마음을 표현하고 싶을까?"

말풍선 포스트 잇을 활용하여 등장인물의 속마음을 글로 적거나 혹은 이모티콘으로 그려서 붙입니다. 그런 후 특별한 단어나 이미지를 보고 어떤 느낌인지, 어떻게 느껴지는 표현인지 질문하고 대화하며 마무리하는 놀이입니다

3. 어떤 감정일까? (감성 카드 놀이)

감정을 언어로 명료화할 때 우리는 그 감정을 해소할 수 있습니다. 아이의 감정코칭을 위해 가정에 감정 카드 한두 개쯤은 가지고 있을 겁니다. 혹시 없으시다면 하나쯤은 꼭 구입하기를 권합니다. 말로 자신의 감정을 표현하기는 어렵지만 카드를 골라 자신의 마음을 나타내는 것은 좀 더 쉽습니다.

감정에 이름 붙이기는 유아기에 매우 중요한 활동입니다. 자신의 감정을 알고 표현할 수 있어야 합니다. 그러려면 감정의 이름을 알아야 합니다. 감정 카드로 자신의 감정은 물론 타인의 감정을 알고 이해하는 활동은 공감 능력을 키워줍니다.

요즘은 글을 모르는 유아들을 위해 이미지로 표현된 감정 카드도 많이 제작되고 있습니다. 다만 아이들이 활용하기엔 카드 수가 너무 많다는 것이 단점입니다. 그러나 어른들이 아이의 이해 정도에 따라 적당한 카드만 골라 사용하면 됩니다.

방법은, 먼저 그림책 등장인물의 마음이 궁금한 장면을 펼친 후 질문합니다.

"지금 ~~이가 느끼는 감정의 이름은 무엇일까?"

'이럴 것이다'라고 느껴지는 감정의 언어 카드를 고르도록 합니다. 짝에게(혹은 부모에게) 보여주며 말합니다.

"나는 ~라고 생각해. 왜냐하면 ~하기 때문이야."

서로 돌아가며 대답하는 놀이입니다.

이 의자 주인은 나야!

캐럴린 크리미 지음 (에듀앤테크)

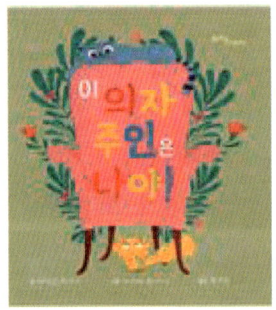

오스월드 밍클호프 허니 버니 3세는 집 안에 사는 유일한 고양이였어요. 혼자였을 땐 집에 있는 모든 게 오스월드의 것이었지요. 어느 날, 폼폼이라는 아기 고양이가 집에 왔어요. 폼폼이는 오스월드의 것들을 멋대로 맘대로 쓰기 시작했지요. 심지어 아무도 건들지 못하는 오스월드의 의자에서 잠을 자기까지 했어요! 자기 물건과 의자를 빼앗긴 오스월드는 과연 어떻게 했을까요? 물건을 되찾았을까요?

친구를 처음 사귀거나 동생이 생겨 처음 양보를 배우는 아이의 마음을 표현한 그림책입니다.

폼폼이가 야옹이 문으로 다니고 야옹이 의자에 앉을 때 야옹이는 어떤 감정이었을까요? 카드를 골라보세요.

4단계... 창의 하브루타
생각 더하기 질문놀이 오총사
(또, 다른, 나, 왜, 만약)

1. 또? 또? 무엇이 있을까?

가능한 한 많은 것을 생각해 내고 표현하는 능력은 창의성의 중요한 요소입니다. 말이 끊어지지 않게 계속해서 잘하는 사람을 보면 '유창하게 말을 잘한다'라고 하잖아요? 그렇게 다양하게 많은 것들을 생각해내는 능력을 유창성이라고 합니다.

"또 무엇이 있니?", "또 무엇이 필요할까?" 등으로 아이가 계속 더 많은 아이디어를 생각해볼 수 있도록 해주세요.

키워드는 "또" "또"입니다.

"느린 거북이가 빠른 토끼를 이길 수 있는 방법은 뭐가 있을까?"

"또 다른 무엇이 없을까?"

"또 있을까?"

문밖에는 무엇이 있을까?

니콜라 오반 지음 (사파리)

어느 날, 눈앞에 몸집이 큰 악어가 나타나 집을 찾아 달라고 한다면 어떨까요?
깜깜한 어둠 속에서 번뜩이는 악어의 날카로운 두 눈빛과 함께 아이들을 모험 한가운데로 초대합니다. 아이들은 책을 펼치는 순간, 그러지 않아도 사나운 악어가 잔뜩 화가 나 있으니 두려운 마음이 들면서도, 악어의 집을 찾아 주고 싶은 마음도 솔솔 일게 되지요. 그래서 아이의 두려움과 호기심을 동시에 자극하는 책이랍니다. (책 소개 글 인용)

글자 먹는 악어 카터는 길을 잃었어요. 그래서 집에 데려다 달라고 해요. 그런데 도와달라고 부탁하지 않고 험상궂은 표정으로 집을 찾아 달라고 위협을 해요. 악어의 집은 어디 일까요? 문을 그려줄 때마다 악어는 그 문으로 나가서 우리가 생각하는 곳으로 가게 되요. 만약 거친 파도가 일렁이는 바다를 생각하면 악어는 사막에서 갈 거예요. 만나는 동물 친구들은 카터를 무사히 집으로 데려다 줄 수 있을까요?

Q. 악어가 첫 번째 문으로 도착한 바다에서는 꽃게와 또, 또 무엇을 보았을까요?

Q. 추워하는 악어를 보내줄 뜨끈뜨끈한 곳은 또, 또 어디가 있을까요?

Q. 악어가 나가는 네모, 동그라미 문 말고 또, 또 어떤 문을 만들 수 있을까요?

Q. 도움을 준 동물 친구들은 또 어떻게 집으로 갈 수 있을까요?

2. 다른 방법은 무엇이 있을까?

정답을 찾는 학습 형태는 사고를 확장시켜주지 못합니다. 질문도 마찬가지죠. 정답을 말해야 하는 질문은 아이들의 창의성을 발달시키지 못해요. 고정적인 사고방식에서 벗어나 다양한 관점으로 문제를 해결하는 방법을 찾아내도록 해야 합니다. 그러려면 기존의 방식을 바꾸고 다른 관점을 생각하도록 하는 질문을 만들면 좋습니다.

창의성의 구성 요소에 의하면 융통성입니다. 매번 똑같은 방식으로 문제를 해결하는 고정된 사고가 아닌 융통성을 발휘할 수 있어야 창의성이 발달된답니다.

여기서 키워드는 '다른'입니다.

"다르게 사용하는 방법은 뭐가 있을까?"

"다른 해결 방법은?"

"다른 각도에서 생각하면?"

토끼와 거북이 이야기에서 질문을 만들면 이런 질문을 만들 수 있겠죠.

"거북이가 토끼를 이길 수 있는 다른 방법은 무엇이 있을까?"

"경기를 공정하게 치룰 수 있는 다른 방법은 무엇이 있을까?"

얼마 전 '유퀴즈'라는 TV 프로에 카이스트 천재 괴짜 교수님으로 알려진 이광형 총장님이 출연하였습니다. 교수님의 습관 중 하나는 TV 화면 거꾸로 매달고 보기, 수업자료 거꾸로 보기라고 한 말이 인상적이었습니다. 고정 관념에서 벗어나 다르게 보고 창의적인 접근을 하는 습관이라고 합니다. 학교의 조직도마저 거꾸로 그려 보았더니 누구를 섬겨야 하는지도 명확히 보였다고 합니다.

다른 방법은 무엇이 있을까? 다르게 보면 무엇을 알 수 있을까? 등의 질문을 통해 다르게 생각하는 습관을 키울 수 있습니다.

봄 선물이 와요

도요후쿠 마키코 지음 (천개의바람)

고슴도치는 간식을 나눠 먹을 때에도, 놀 때에도 뾰족한 가시가 친구들을 찌를까 봐 걱정해요.
고슴도치의 가시가 친구들에게 선물이 될 순 없을까요?
친구에게 좋은 것을 주고 싶은 마음이 불러온 봄의 기적을 만나 봐요! (책 소개 글 인용)

고슴도치는 가시 때문에 친구들을 안을 수가 없어요. 간식을 나눠 먹거나 놀이를 할 때 뾰족한 가시가 친구들을 찌를까 봐 걱정해요. 뾰족한 가시가 싫은 고슴도치는 보들보들한 털이었으면 좋겠다고 바라기도 하지요. 그러다 뾰족한 가시로는 무엇을 할 수 있을까 궁금해졌어요. 가시로 멋진 일을 하고 싶어서 고슴도치는 생각하고 또 생각했어요. 마침내 숲속 친구들에게 멋진 선물을 하고 겨울잠을 자지요. 봄을 더욱 환하고 빛나게 한 고슴도치의 선물은 무엇이었을까요?

Q. 가시가 많은 고슴도치와 함께 놀 수 있는 놀이는 무엇이 있을까요?

Q. 가시가 많은 고슴도치와 함께 놀 수 있는 다른 놀이는 무엇이 있을까요?

Q. 가시는 어디에 사용할 수 있을까요?

Q. 가시를 사용할 수 있는 다른 곳은 어디일까요?

3. 나라면 어떻게 할까?

창의성이라 하면 가장 먼저 어떤 개념이 떠오르시나요? 뭔가 독특하고 평범하지 않은 생각이라고 생각하실 겁니다. 맞습니다. 남을 따라가는 모방적인 생각이 아닌 자기만의 고유하고 독특한 생각을 표현하고 나타내는 능력, 이것을 창의성의 요소 중 독창성이라고 합니다.

그림책 속 인물이나 상황을 자기만의 독특한 시각으로 바라보고 적용하도록 질문을 만들어 주면 독창성이 개발됩니다. 가장 나다운 것이 가장 독창적인 것이니까요. 엉뚱한 생각도 표현해 보면 독창성을 키울 수 있습니다.

여기서 키워드는 '나라면?'입니다.
"주인공이 나라면 어떻게 말했을까?"
"내가 그곳에 있었다면 어떻게 행동했을까?"

가을의 스웨터

아시이 무쓰미 글/후카와 아이코 그림
(주니어김영사)

작아진 스웨터를 수리하기 위해 찾아간 미코 아줌마는 원하는 스웨터의 모양을 물어봅니다. 도토리를 가득 담을 주머니가 있는 스웨터를 만드는 과정을 통해 가을의 계절감을 표현하는 그림책입니다. (책 소개 글 인용)

어느 날 아침, 수리는 볼에 닿는 차가운 공기에 잠에서 깹니다. 수리는 봄에 넣어둔 스웨터를 입었는데 스웨터가 작아져 버렸습니다. 수리는 그 스웨터를 입고 친구 사키와 함께 도토리를 찾으러 나섭니다. 도토리를 주워 스웨터 주머니에 담으려고 하는데, 주머니가 작아서 도토리가 땅에 떨어져 버립니다. 수리와 사키는 양장점을 하는 미코 아줌마를 찾아갑니다. 미코 아줌마는 새 스웨터를 뜨기 위해 수리에게 묻습니다.

"스웨터에 달린 주머니는 어떻게 하고 싶니?"

"도토리가 많이 들어가면 좋겠어요. 도토리를 많이 모아서 엄마한테 드리려고요."

"수리는 엄마를 도와드리고 싶구나. 그렇다면 커다란 주머니가 필요하겠네."

미코 아줌마는 가을이 담긴 새 스웨터를 완성합니다.

Q. 나라면 어떤 주머니를 달아 달라고 말할까요?
   (히브루타 후 주머니를 만들어 봅니다)

Q. 나라면 어떤 숲 선물을 담아서 엄마한테 드릴까요?

4. 왜 그렇게 생각해?

독특하고 다양한 아이디어를 많이 가지도록 연습하는 것도 중요하지만 아이디어를 더 자세하고 세밀하게 다듬는 것도 필요합니다. 처음에는 미숙하고 다듬어지지 않은 아이디어를 가져오겠지요. 그러나 그것을 좀 더 발전시켜 가도록 질문을 통해 도와주는 것입니다.

우리는 이것을 창의성의 구성요소 중 정교성이라고 말합니다.

"더 자세하게 말하면 어떻게 표현할 수 있을까?"

"다시 바꿔서 말하고 싶은 것은 무엇일까?"

"더 좋은 생각은 무엇일까?"

그러나 여기서 키워드는 '왜?'입니다. 왜 그렇게 생각했는지를 질문하다 보면 아이의 생각이 좀 더 정교해지고 구체적이 됩니다. "왜 그렇게 생각해?"라고 질문하면서 아이의 생각을 더 깊이 더 자세히 확장시켜 갑니다.

토끼와 거북이 이야기에서는 이런 질문을 만들 수 있겠죠.

"토끼와 거북이가 좋은 친구가 되려면 어떻게 해야 할까? 왜 그렇게 생각해?"

"더 좋은 생각은 무엇일까?"

욕심꾸러기 시릴과 브루스

레이첼 브라이트 지음 (에듀엔테크)

늘 신나게 놀다가 정작 중요한 걸 대비하지 않은 시릴과, 이미 넘치게 가지고 있으면서도 욕심을 내는 브루스 중에 누가 더 문제일까요? 어쨌든 시릴과 브루스는 마지막 솔방울을 서로 차지하려다가 큰 어려움을 겪었어요. 솔방울을 독차지하려는 시릴과 브루스를 통해 욕심과 나눔의 필요성에 대해 이야기하는 그림책입니다. (책 소개 글 인용)

시릴의 찬장은 텅텅 비었고, 시릴은 몹시 배가 고팠어요. 그때 시릴이 마지막 남은 솔방울 하나를 발견했어요. 시릴이 솔방울을 향해 달릴 때, 브루스도 마지막 솔방울을 발견하고 달려오고 있었어요. 둘이 솔방울을 향해 손을 뻗는 순간, 솔방울은 나무에서 떨어져 통통 튀어 가기 시작했어요! 과연 솔방울을 차지하는 건 누구일까요?

Q. 시릴과 브루스가 위험에 빠진 이유는 무엇이었을까요?

왜 그렇게 생각 하나요?
Q. 마지막 남은 솔방울은 배고픈 시릴과 딱 하나가 더 필요한 브루스 중 누가 가지면 좋을까요?
왜 그렇게 생각했나요?

5) 만약에 ~라면?

'만약에~'라는 말은 무한한 상상의 시작입니다. 만약에 라는 말을 붙이면 모든 말이 다 허용됩니다.

'만약에 하늘이 노랗다면~~', '만약에 내가 새라면~~', '만약에 지구가 세모 모양이라면~~' 등등. 모든 불가능한 일이 가능해집니다.

상상력은 유아기 발달 과정에서 가장 필요하고 또 왕성한 영역입니다. 아이들은 생각이 경직되지 않았기 때문에 더 많은 것들을 상상할 수 있습니다. 유아기 아이들은 그 상상의 나라에 살고 있는 주인공들입니다.

그 상상력을 확장시켜주는 것이 창의성을 개발하는 토대입니다. 상상력을 마음껏 발휘하는 질문을 사용하세요.

발명 토끼의 친구 만드는 기계

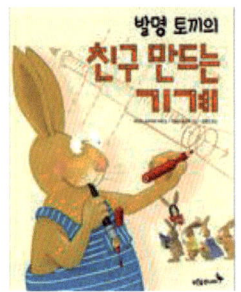

에디트 슈라이버 지음 (푸른숲주니어)

혼자가 외로워서 친구 만드는 기계를 발명하고자 했던 주인공 토끼가 이웃들의 고민을 위해 애쓰며 관계를 만들어 가는 이야기입니다. 결국 친구와 관계를 맺으려면 그 사람의 처지에 깊이 공감하고, 서로의 마음을 여는 일이 중요하다는 것을 알려 줍니다. (책 소개 글 인용)

세상을 어떻게 바꿀지 고민하는 레오나르도는 발명 토끼입니다. 혼자 생각하는 시간이 많은 레오나르도는 외롭다는 생각이 들었어요 그래서 친구 만드는 기계를 발명하려고 고민하기 시작했습니다. 그런데 이웃집 토끼들이 도움을 청해서 그들이 필요한 기계를 만들어 주느라 정작 자기가 원하는 기계를 만들지 못하지요. 그래서 결국 생일 파티에 초대할 친구가 한 명도 없다지 뭐예요.

레오나르도의 생일은 어떻게 될까요?

Q. 만약에 레오나르도가 옆집에 산다면 어떤 기계를 만들어 달라고 하고 싶은가요?

Q. 만약 외로운 레오나르도를 만난다면 어떻게 해주고 싶은가요?

Q. 만약에 레오나르도처럼 발명할 수 있다면 누구에게 어떤 기계를 만들어 주고 싶은가요?
(그 기계를 그림으로 그려서 실명해 보아요.)

5단계... 적용 하브루타
실천, 적용하기 질문놀이

적용하기 단계를 교실에서 진행한다면 4명을 기준으로 모둠 하브루타로 진행하면 좋습니다. 실천 방법과 대상은 다양해질 수 있습니다. 왜 4명이냐구요? 4명을 넘어서는 순간부터 아이나 어른 모두 대화 주제가 나눠지고 집중해서 모두의 이야기를 듣기 어렵기 때문입니다. 그래서 교실에서는 4명을 기준으로 적용하기 질문놀이를 합니다.

예를 들면 신학기 교실에서는 서로 지켜야 할 약속들이 필요합니다. 약속을 만들 때는 반드시 구성원 모두 참여해야 하고 동의를 구해야 다 같이 이견 없이 지킬 것입니다.

다음은 그림책《당근 유치원_안녕달출판》과《엄마는 말썽쟁이_키즈엠출판》를 읽고 적용하기 질문놀이를 한 사례입니다.

"우리 교실에서 꼭 지켜야 할 약속은 무엇이 있을까?"라는 질문으로 돌아가며 질문하고 대답합니다.

모둠 다 같이: 우리 교실에서 지켜야 할 약속은 무엇이 있을까?
유아1: 교실에서 막 뛰지 말이야 해.
모둠 다 같이: 왜 그렇게 생각해? 왜 그 약속이 필요하다고 생각해?
유아1: 막 뛰어 다니면 넘어져서 다치고 또 친구랑 부딪히면 울잖아.
모둠 다 같이: 아하 그렇겠구나. 우리 교실에서 지켜야 할 약속은 무엇이 있을까?
유아2: 나는 순서를 지켜야 한다고 생각해.
모둠 다 같이: 왜 그렇게 생각해? 왜 그 약속이 필요하다고 생각해?
유아2: 왜냐하면 우리는 다 먼저 하고 싶으니까.
모둠 다 같이: 아하 그렇겠구나. 우리 교실에서 지켜야 할 약속은 무엇이 있을까?
유아3: 화가 나도 때리지 말자.
모둠 다 같이: 왜 그렇게 생각해? 왜 그 약속이 필요하다고 생각해?
유아3: 때리면 아프니까 또 때리게 되고 화가 더 나잖아.

모둠 다 같이: 아하 그렇겠구나. 우리 교실에서 지켜야 할 약속은 무엇이 있을까?

유아4: 쓰레기를 바닥에 버리지 않아야 해.

모둠 다 같이: 왜 그렇게 생각해? 왜 그 약속이 필요하다고 생각해?

유아4: 어차피 다시 주워야 하니까 바닥에 버리지 좀 말라고.

모둠 다 같이: 아하 그렇겠구나.

이때 마이크 같은 도구를 활용하면 다음 친구에게 넘겨주며 순서대로 말하기에 도움이 됩니다.

6단계... 표현 하브루타
질문놀이를 확장하는 활동

아이는 흥미롭고 재미있게 경험한 것을 알고 있는 지식과 연결지을 때 오래도록 기억합니다. 의미있는 배움으로 연결되는 것입니다. 표현하기 질문놀이는 문학, 예술적 방법을 동원하여 아이의 놀이를 지원한다는 의미를 가지고 있습니다.

첫째, 글이나 말로 다 표현하지 못하는 발달적 한계를 넘어서는 전략입니다.

둘째, 아이 때만큼 표현의 자유를 누릴 수 있는 시기가 없습니다. 다양한 방법으로 마음껏 상상하고 발산하며 창의성이 자라기를 바라는 전략입니다.

대표적인 몇 가지를 소개합니다.

1. 그림으로 표현하기
뒷이야기 상상하여 그리기

빵이 되고 싶은 토끼

마루야마 나오 지음 (스푼북)

토끼 삐뽀의 엉뚱발랄 토끼빵 도전기입니다. 꿈을 포기하지 않고 완고하게 몰두하는 삐뽀의 이야기는 '되고 싶은 것이 있으면 일단 조금씩이라도 도전해 보라'는 격려의 메시지가 되어 꿈을 향해 열심히 나아가는 우리들에게 새롭고 힘찬 용기를 불어넣어 줄 것입니다. (책 소개 글 인용)

빵이 되고 싶은 토끼 삐뽀는 "어서 나를 빵으로 만들어 주세요!"라고 합니다.

어떻게 토끼가 빵이 되느냐며 빵집 주인 아저씨에게 쫓겨납니다. 그래도 삐뽀는 포기하지 않았습니다. 삐보를 빵으로 만들어 주지 않자 직접 빵이 되기로 합니다. 밀가루를 온몸에 팡팡 뿌리고 쨈을 차닥차닥 바르기도 하지요. 그러다 삐보는 그만 감기에 걸리고 열 때문에 얼굴에 붉은 꽃이 피어 납니다. 어느 날 빵집 아저씨가 "빵이 되는 대신, 빵을 만들어 보는 것은 어때?"라고 합니다. 삐뽀는 토끼 빵이 되는 대신, '토끼 빵'을 만들게 됩니다.

빵이 되고 싶은 삐뽀는 어떻게 되었을까요?

집에 돌아왔는데 오니까 엄마가 아팠어요.

그래서 약을 구하러 나갔어요.

그런데 어떤 약을 사야 할지 몰랐어요. 그래서 머리가 띵했어요.

그때 고슴도치 선생님이 도와주셨어요. 그래서 토끼는 이제 약이 되고 싶어졌어요.

2. 6쪽그림책 만들기

내용 이해하기 전략 중 등원문해(p180 참고)를 소개했습니다. 등원문해를 이용해 그림으로 표현하고 질문을 더하면 6쪽 그림책 만들기가 쉬워집니다.

질문놀이를 통해 호기심 갖기, 내용 이해하기, 공감하기, 생각하기, 표현하기가 습관이 된다면 어른들의 큰 도움 없이도 보드북 그림책 만들기까지 이어질 수 있습니다.

빵이 되고 싶은 토끼 대신 어떤 제목으로 바꿀 수 있을까요? 다음 질문을 따라가 봅시다.

1쪽) 주/등: 토끼를 대신하는 주인공/등장인물은 누구입니까?
공작새요.

2쪽) 원: 공작새는 무엇이 되고 싶습니까?

아주 멋진 아이돌.

3쪽) 문: 아이돌이 되기에 문제가 되는 것은 무엇입니까?
질투쟁이 물총새가 놀리고 방해만 해요.

4쪽) 해: 어떻게 해결했습니까?
미용실에서 여우 원장님이 예쁘게 만들어 줬고, 혼자서 어려운 연습도 아주 열심히 했지요.

5쪽) 그래서 공작새는 어떻게 되었습니까?
많은 새들 팬에게 큰 박수를 많이 받았지요.

6쪽) 이제 아이돌 공작새는 어디서 무엇을 합니까?
매니저가 돌봐주고 차를 마시며 공연준비를 합니다.

등원문해를 기본으로 이야기에 질문놀이를 더해 주면 이야기는 계속 상상의 날개를 달고 확장해 갑니다. 4컷이 6컷, 8컷, 12컷으로 확장되어 갑니다. 보드북 그림책으로 제작이 가능해집니다.

3. 이야기 속 소품 만들기

책을 읽고 하브루타 한 후 직접 만들기를 해봅니다. 관련 소품을 만들고 질문놀이를 하게 되면 책 속 인물에 대한 공감 능력이 더해질 뿐 아니라 창의성도 길러집니다.

아빠 자판기

조경희 지음 (노란돼지)

신우 아빠는 항상 바쁩니다. 늘 회사에서 오는 전화에 시달리고, 피곤에 찌든 모습으로 퇴근하곤 하지요. 딸과 함께 요리하겠다는 약속은 늘 어긋나기만 합니다. 신우는 아빠와 놀고 싶은 갈망은 커져만 가지요. 신우가 가장 좋아하는 요리도 함께하지 않는 아빠가 너무 밉습니다. 한 번 터진 눈물이 그치질 않지요. 그때 신우를 찾아온 '아빠 자판기'. 이번에는 역전이 되었습니다. 먼저 손 내밀지 않아도 신우에게 계속 놀아 달라고 조르는 자판기였어요. 신우는 의기양양해져 버튼을 하나하나 눌러 줍니다. "그래. 내가 놀아 줄게." 하는 마음으로요! . (책 소개 글 인용)

Q 그림책 속 신우처럼 자판기가 생긴다면 어떤 역할의 아빠가 들어있으면 좋을까요?

-계속 놀아주는 아빠, 책 읽어주는 아빠, 학교 대신 가는 아빠, 유투브 보여주는 아빠, 대신 공부해 주는 아빠, 웃겨주는 아빠

Q 나도 아빠 챤스 쿠폰을 만든다면 어떤 내용을 쓰면 좋을까요?
-몸놀이 쿠폰, 놀이터 쿠폰, 간식 쿠폰, 영화 쿠폰

아빠 챤스 쿠폰 만들기

아빠 자판기 만들기

아빠 자판기 만들기

4. 극놀이

극놀이는 역할놀이에 익숙한 아이들이 활용할 수 있는 좋은 표현놀이 중 하나입니다. 하브루타 질문놀이를 한 후 극놀이로 연결시킬 수 있습니다.

-극 놀이를 시작하기 위한 질문놀이

어떤 역할을 맡고 싶니?

어떻게 변장하면 좋을까?

배경은 무엇으로 만들면 좋을까?

또 무엇이 필요할까?

토끼와 자라

성석제 글/윤마숙 그림(비룡소)

바닷속 깊은 곳에 사는 용왕님이 큰 병에 걸렸어요. 그 병은 뭍에 사는 토끼 간으로만 치료 할 수 있다고 도사가 알려주었어요. 많은 신하 중에서 자라가 토끼를 데리러 가겠다고 했어요. 토끼 그림을 들고 뭍에 나온 자라는 토끼를 만나게 됩니다. 자라는 토끼에게 잘 생겼으니 용왕님이 벼슬을 주실 거라며 용궁으로 가자고 합니다. 자라를 따라 용궁으로 간 토끼는 어떻게 될까요?
용왕님의 병은 낫게 될까요?

-극놀이 대본 예시

해설: 옛날옛날에 깊고 깊은 바닷속에 물고기를 다스리는 용왕님이 병이 났어요.

용왕: (배를 잡고 구르며) 아이고 배야 아이고 배야!! 거기 누구 없느냐!
도사: (쑹아고 나타난다)
용왕: 뭐, 뭐야?
도사: 나는 하늘에 사는 도사요. 용왕의 병을 고칠 단 하나의 약이 있소. 바로 육지에 사는(손으로 토끼귀를 하며) 깡총깡총 토끼 간이 있으면 용왕은 다시 건강하게 살 것이오. 그럼 이만.(뿅)
용왕: 토끼의 간? 그걸 어떻게 구하지? 여봐라 모두 모여라!!

해설: 용왕님이 병들었단 소식에 바다 나라의 모든 물고기 신하들이 모였습니다. 고등어, 삼치, 가오리, 거북이, 문어, 멸치, 가재…….
(각자 머리엔 종이띠를 두르고 이마엔 물고기모양이 붙어있다. 수염을 그리고 보자기 등을 둘러 재판장이나 관료 같은 분위기로 꾸민다)

신하들: (키득키득 거리기도 하고 엄숙하게 수염을 그리고 앉아

있지만 아이들처럼 장난치는 분위기로 앉아있다)

용왕: 자, 모두 조용히 하시오. 여러분도 아시다시피 내가 병이 들어 토끼간이 필요하오. 누구 나를 위해 가져다 줄 충성스런 신하가 없겠소? 흠흠 문어 장관?

문어: (화들짝 놀라며) 네? 저요? 저, 저는 안 돼요. 요즘 사람들이 얼마나 문어를 많이 먹는지 아세요? 제가 나가면 이렇게 빨간 몸뚱이가 얼마나 잘 보이겠어요? 인간들이 저를 잡아다가 라면에 넣어버릴 거예요! 작고 잘 안 보이는 멸치 장관을 보내세요!

멸치: (버럭 화내며) 아니 뭐라고!! 흠흠. 폐하, 제 비늘을 보세요. 이렇게 반짝반짝한데, 제가 작아서 눈에 안 띌 거라구요? 제가 바다에서 뛰면 파도 위에 다이아몬드가 차르르~부려지듯 반짝반짝 얼마나 눈부시게 화려하다구요. 게.다.가! 제가 이 조그만 몸으로 파닥거리고 나가서 밟혀 죽지 어떻게 토끼를 데려옵니까? 이 일에는 발도 빠르고 무기도 있는 꽃게가 제격입니다.

꽃게: (게를 멸치에게 휘두르며 멱살을 잡는다) 뭐? 너 집게발 맛 좀 볼래? 야, 이리나와! (우당탕 거리며 난장판이 된다)

자라: (얌전하게 손을 들고 작은 소리로) 제가 가겠어요.

일동: (난장판을 멈추고 모두 스톱)

용왕: 방금 누구인가?

(반짝반짝 조신하게 손들고 있는 자라 얼굴 클로즈업)

해설: 충성스러운 자라는 토끼 그림을 들고
땅위로 올라와 본 적 없는 토선생 찾아
이리 저리 두리번 거리는디…….

자라: (꽃들이 만발한 들판들 두리번거리며) 와 ~ 정말 아름답구나.
(토끼 그림을 꺼내들고) 보자. 보자. 보자~~.
새빨간 눈에~ 부 귀는 쫑긋이고, 빌신 빠르고.
항상 겅중겅중 뛰며 꼬리는 짤막! 하다.
토끼 고놈 참 희안하게 생겼네~.
토끼: 아이고 바쁘다 바빠(자라를 지나친다).
자라: (그림과 토끼를 번갈아보며) 엇? 어엇???????? 잠깐!!
(뛰다 멈춘듯 헉헉거리며) 이보시오 토끼선생!! 토선생!!!! 토~~선생!!!
(숲속 배경으로 바뀌며 멀리 뛰어온 듯)토…선생. 토, 토…호선생!! 호선생님!!!!!! ~이하 생략~

5. 그림책 질문놀이와 음률놀이

괜찮아

최숙희 지음 (웅진주니어)

여러 동물들이 등장하여 특징과 강점을 알게 해주는 그림책입니다.

"개미는 작아"라고 꼬마 여자아이가 이야기 하고 개미는 "괜찮아! 나는 힘이 세"라고 말 합니다.
꼬마 여자아이는 뱀을 보며 "뱀은 다리가 없어"라고 놀리듯이 말하고 뱀은 "사사삭 어디든 잘 기어가"라고 합니다. 또 어떤 동물들이 괜찮아라고 할까요?

아이들이 좋아하는 그림책 《괜찮아_최숙희 글그림/ 웅진주니어》를 펼치고 함께 봅니다.

한 장면 한 장면을 읽을 때 아이의 눈길이 멈춰지는 시간이 길어질 때가 있습니다. 그때 아이에게 질문하며 그 장면에 함께 머물러 질문놀이 합니다.

엄마: 개미는 어떻게 생겼어?

아이: 작아, 까맣고, 힘이 세대.

엄마: 아하, 개미는 작고, 까맣고, 힘이 세구나!

　아이와 주고 받은 질문 대화를 아이가 제일 좋아하는 동요에 개사해서 불러줍니다. 엄마와 아이만 알고 있는 세상에 하나뿐인 '개미 송'이 되지요.

　이때 서로의 발등부터 두 손가락을 한 손가락씩 움직이며 올라가듯 노래하면 재미를 더하고, 자연스러운 스킨십을 더해줄 수 있습니다.

6장

교실에서 이렇게
가정에서 이렇게

1. 교실 속 하브루타 적용 사례(초등)
- 심곡초 3학년 양정화 선생님

비밀의 문

에런 베커 지음 (웅진주니어)

머나먼 여행에서 돌아온 두 친구가 공원의 다리 밑에서 비를 피하고 있습니다.
그러다 그 다리 밑 비밀의 문이 열리고 어떤 할아버지를 만납니다.
할아버지는 분필 한 자루와 지도를 남기고 정체 모를 군인들에게 잡혀갑니다.
두 친구는 그 자리에서 열쇠를 그려 비밀의 문을 열고, 지도를 보며 할아버지을 구하기 위한 모험을 시작합니다. 두 친구는 할아버지를 구하고 집으로 무사히 돌아올 수 있을까요?

《비밀의 문》 표지를 보며 '무엇이 보이나요?' 표지 읽기 활동을 25명의 학생들과 3바퀴 했습니다.

처음 해 보는 활동인지라 1차원적인 말도 많이 나왔지만, 겹치지 않게 활동을 이어가는 것을 보고 생각보다 잘해서 놀랐습니다.

"~이 보입니다."

"아,~~이 보입니까?"

전체가 다시 따라서 말하게 하니 친구의 말에 대한 경청도 잘 되었습니다.

표지로 이야기를 나누며 책 내용에 대한 동기유발을 제대로 하니 책을 집중해서 읽고 뒷이야기도 훨씬 더 궁금해 하는 것을 보았습니다. 그리고 책 내용을 읽으면서 표지에 있던 단서들을 맞춰가는 재미도 쏠쏠했습니다.

책을 읽은 후에는 뒷이야기 상상해서 그리기 활동을 진행하였습니다. 짝지어 가위바위보 한 후 이긴 사람이 먼저 그린 것을 설명하도록 하고, 뒷 이야기 글로 쓰기 활동까지 연결했습니다. 서로에게 말로 설명한 후 글을 쓰도록 하니 아이들이 글을 쉽게 정리하여 쓰는 것을 보았고, 내용도 풍성해져서 좋았습니다.

하브루타 질문놀이는 학습자들이 말할 수 있는 기회를 더 많이 주는 활동입니다. 아이들에게 말을 많이 하도록 하니 즐겁게 활동하며, 더욱 배움이 깊어지는 느낌을 받았습니다. 다른 활동들도 수업에 적용하여 다양한 질문을 만들고 해답을 함께 찾아보는 경험을 하려고 합니다.

2. 가정 내 질문놀이 사례(초등)
-엄마와 단아(초2), 친구 아민이

이까짓 거!

박현주 지음 (이야기꽃)

초등학교 교실, 아마도 마지막 교시가 한창인 것 같은데, 창밖에 비 내리고 한 아이 고개 돌려 밖을 바라봅니다. 살짝 근심스러운 표정. 앞면지에 그려진 이 첫 장면을 보는 독자들은 십중팔구 '비 오는 날, 우산 없는 아이 이야기구나!' 할 겁니다.
이 그림책의 주인공 아이는 비 오는 날 우산 없는 이 문제 상황에 어떻게 반응하고 대처했을까요?. (책 소개 글 인용)

엄마: 비오는 날은 왜 좋을까?

단아: 엄마가 비오는 날 좋아하잖아. 그래서 난 좋아. 밖에는 못 나가면 실컷 책 봐서 좋구, 밖에 나가면 우산 속에서 빗물 떨어지는 소리가 좋아. 비를 맞아서 축축해지면 찝찝한 기분이지만 그래도 좋아.

아민: 하지만 하늘에서 떨어지지 않은 물은 괜찮아요. 수영

장물은 다 젖어도 좋아요.

흥미 유발 하브루타

엄마: 표지에 누가 무엇을 하고 있을까?

단아: 머리 긴 남자아이가 있어요.

아민: 학교에 가는 것 같아요.

엄마: 또 무슨 일이 일어나고 있을까?

아민: 지각해서 뛰어가는 것 같아요.

단아: 학교에서 오는 것 같아요. 학교 갈 때는 우산을 안 가지고 갔다가 집으로 올 때는 비가 와서 그냥 뛰는 것 같아요.

아민: 신발 주머니를 안 가져와서 교실로 가는 것 같아. 손에 없잖아.

단아: 표정이 급한 것 같은데.

엄마: 왜 학교에 가거나 오는 것이라고 생각해?

단아: 왜냐하면, 책가방을 메고 있기 때문이에요. 어린이 집을 갈 때는 거의 엄마들이 데려다 주니까요. 유치원도 그렇고요.

아민: 가방이 책가방이 맞아요. 왜냐하면, 회사는 정확히 아

니에요. 어른이 아니니까요.

엄마: '이까짓 거!'란 말은 언제 쓸 수 있을까?
단아: 역사퀴즈 풀 때 이까짓 거! 라고 할 거 같아요.
아민: 피아노 칠 때 이까짓 거! 라고 할 거예요.
단아: 비가 아주 많이 오는 날, 양양에 엄마가 운전해서 갈 때 이까짓 거!
엄마: 공원 숨차게 열 바퀴 째 돌 때 이까짓 거!

내용 이해 하브루타

단아: 아이들은 어떤 말을 하면서 가고 있을까? (말풍선을 붙여 다양한 생각을 써본다)

아민: 얘는 우산이 없나 봐.

단아: 여기 이 애는 엄마한테 전화해서 '당장 데리러 와!' 하는 거지.

아민: '난 우산이 없는 데……' 이런 생각 해.

단아: '같이 쓰자고 할까?' 하고 망설이는 것 같아.

아민: '우산 같이 쓸 사람~.'

단아: 얘는 노래를 부르고 있어. 비가 온다 비가 와. 개골개골 뽕뽕.

아민: 잘 챙길 걸, 엄마 말도 잘 듣고.

단아: 이 아이는 마음속으로 생각하고 있는 중이야.

아민: 우리 분식집 가자.

단아: 난 학원 가야 해.

마음 하브루타(공감)

엄마: 빨간 옷을 입은 우산이 없는 친구의 마음은 어떨까?

단아: 학교 끝났는데 갑자기 비가 오니 당황스럽고 막막한 기분이에요.

아민: 아침에 우산을 들고 나오지 않은 것이 후회되고 비가 오니까 좌절하는 기분이에요.

엄마: 너희도 이런 경험이 있었니?
단아: 이 친구는 집에 엄마가 없다면 돌봄 교실 갈 것 같은데, 비슷한 상황이 있었어요. 아침에 그냥 학교에 갔는데, 학교 끝나고 비가 뚝뚝 떨어지기 시작했어요. 아민이 우산을 같이 쓰려고 했는데, 우산이 너무 작았어요. 우리는 "둘 다 우산을 쓰지 말자"고 하고 막 뛰어 왔어요.

생각 하브루타 (창의성)
엄마: 왜 이 아이는 우산이 없을까?
단아: 이 친구는 일기예보를 잘못 들은 것 같아요. 그래서 우산을 못 챙긴거죠. 교과서에 보면 날씨를 확인해야 한다고 나와 있어요. 일기예보를 보면 날씨를 미리 알 수 있어요.

엄마: "넌 우산이 없니? 같이 쓸까?"라고 했을 때 너라면 어떻게 할거야?
아민: 전 다른 사람의 도움 안 받아요. 주인공이 거짓말을 한

것 같아요.
단아: 그냥 뛰면 되니까 괜찮아요 그럴 거예요. 어차피 우산이 좁아요.

엄마: 이 책을 읽고 나서 떠오른 사람이나 생각은 어떤 것이니?
아민: 비슷학원 끝나고 바스 기다렸을 때요. 친구들과 뛰어가던 일이 생각나요. 우리는 다 같이 우르르 뛰었어요.
단아: 학교에서 콜렉트 콜을 했는데 엄마가 통화 중이었던 날 생각나요.

엄마: 만약에 내가 이런 상황이라면 어떻게 할까?
단아: 콜렉트 콜로 전화해요. 만약에 엄마가 통화 중이면 다시 교실로 돌아가요. 선생님이 교실에 없어도 좀 기다릴거예요. 왜냐하면 비가 오면 당연히 엄마가 오실 거니까. 우산을 안 가져간 걸 아니까요.
아민: 저는 그냥 뛰어 갈 거예요. 아는 사람이 보여도 모른 척하고 그냥 뛰어 갈 거야. 저는 이제 혼자서 등교도 하거든요.

엄마: 책에 나오는 사람들에게 물어보고 싶은 것은 무엇이 있니?

아민: 넌 왜 거짓말을 했니?

단아: 넌 친구가 없니?

아민: 우산 속 모여 있는 친구들에게 "너희들 오늘 다 같이 뭐하고 놀거니?"

단아: 너는 돌봄 안 하니?

아민: 엄마에게 전화하고 있는 너는 몇 학년이니?

단아: 전 작가에게 궁금한 거 있어요. 왜 주인공 빼고 색을 안 칠했나요?

아민: 작가에게 "왜, 왜, 왜, 노랑색으로 칠했나요?"라고 물어보고 싶어요.

단아: 왜 빨강 옷으로 색칠했을까?

엄마: 가장 많이 나온 질문이 색이네? 왜 그림에 색을 그렇게 칠했을까? (짝 하브루타)

아민: 가장 많이 나오는 친구들도 밝은 색으로 표현했어.

단아: 노란색으로 바뀌는 건 밝아지는 느낌이야.

아민: 앞쪽에 검은색 배경일 때는 걱정하는 표정인데 노란

색일 때는 웃고 있어.

단아: 패턴이 있어.

아민: 웃고 있을 땐 노랑, 무관심할 땐 검정이네.

단아: 갑자기 속담이 생각나. '하늘이 무너져도 솟아날 구멍이 있다'는 걸 알려주려고 했나 봐.

아민: 작가에게 똑같은 상황이 있었던 거 같기도 해.

3. 가정 내 질문놀이 사례(초등)
- 엄마와 아윤이(초2)

쩌저적

이서우 지음 (북극곰)

눈과 얼음의 나라 남극에 황제펭귄들이 무리 지어 살고 있습니다. 그러던 어느 날, 갑자기 쩌저적 하고 빙하가 갈라져서 꼬마 펭귄이 혼자가 됩니다. 드넓은 바다 한가운데 혼자 남은 꼬마 펭귄은 어떻게 될까요? (책 소개 글 인용)

흥미 유발 하브루타

엄마: '쩌적적'이 무슨 말일까?

아윤: 땅이 갈라지는 소리. 지진날 때 나는 소리 같아.

엄마: 그럼 무슨 소리인지 그림책 안으로 들어가 볼까?

내용 이해 하브루타

엄마: 꼬마 펭귄은 혼자서 무엇을 보았었지?

아윤: 오로라 - 얼음동굴 - 예수님 - 배 탄 사람들 - 오페라 하우스.

엄마: 맞아 그곳이 어떤 곳인지 찾아볼까?(검색을 통해 자료 수집)

엄마: 아윤이는 어디에 제일 가보고 싶어? 이유는?

마음 하브루타 (공감)

엄마: 왜 아기 펭귄은 물고기를 떨어뜨렸을까?

아윤: 갑자기 얼음이 쩌저적해서 너무 놀라서 그런거 같아.

엄마: 어떤 기분이 들까?

아윤: 황당해, 너무 놀랬어, 무서워, 슬퍼, 외로워.

엄마: 아기 펭귄에게 무슨 말을 해 주고 싶어?(말풍선에 붙여 보자)

생각 하브루타 (창의성)

엄마: 꼬마 펭귄이 집으로 돌아갈 수 있는 다른 방법은 무엇이 있을까?

아윤: 아직 아기여서 수영 수업을 받지 못한 거 같아. 그래서 지나가는 배에 신호를 보낸다. 나무에 불을 붙여 구조 신호를 보낸다. 나침반을 구해서 남극 방향을 찾는다.

엄마: 아~ 그럴수 도 있겠다.

엄마: 어른 펭귄들은 왜 꼬마 펭귄을 도와주러 가지 않았을까?

아윤: 어른 펭귄들은 다른 걸 보느라고 꼬마 펭귄을 보지 못했나봐.

엄마: 다른 걸 뭘 보고 있었을까?

아윤: 음, 어른끼리 말하느라……. 어른들은 어른끼리 말하는 거 좋아하잖아.

엄마: 앗, 그럴 수도 있겠구나.

엄마: 다시 돌아오는 꼬마 펭귄에게 나라면 무슨 말을 했을까?

엄마: 왜 빙하가 쩌저적 갈라지며 뚝 떨어졌을까?

아윤: 꼬마 펭귄이 물고기를 잡고서는 너무 좋아서 방방 뛰다가 얼음이 깨진 거 같아!

엄마: 하하하하! 그럼 혹시 빙하가 녹는 다른 이유는 뭐가 있을까?

아윤: 우리가 전기를 너무 많이 써서 어제 우리 아파트가 정전 됐잖아. 아파트 사람들이 모두 에어컨을 많이 틀어서 지구가 더워서 그렇다고 방송에 나왔어.

적용하기 하브루타

엄마: 남극의 빙하가 녹지 않도록 우리가 할 수 있는 일은 무엇일까?

아윤: 전기를 아껴 쓰기. 에어컨을 많이 틀지 말고 너무 더우면 선풍기를 틀면 돼.
엄마: 엄마도 부채질 해야겠다.

엄마: 펭귄들의 얼음을 지켜주려면 아윤이는 무엇을 할 수 있을까?
아윤: 나갈 때는 선풍기를 꼭 끄고, 불도 끄고 나가야 해.
엄마: 엄마는 지구가 덥지 않게 되도록 마트는 아윤이랑 걸어서 가야겠다.

표현하기 하브루타

엄마: 꼬마 펭귄을 만난다면 무엇을 하고 싶어?
아윤: 수영장에 데리고 갈 거야! 수영을 가르쳐 주고 싶어.
엄마: 가장 기억에 남는 장면은 어떤 장면이야?
아윤: 친구들과 떨어졌을 때, 그때 내 마음이 아파서.

4. 교실 속 하브루타 적용 사례(유아)
- 민선주 선생님과 만 5세

낙엽스낵

백유연 지음 (웅진주니어)

가을이 왔어요. 가을에는 낙엽들을 모아서 낙엽스낵을 만들어야 하기에 아기곰은 분주해집니다. 낙엽을 모으고, 물에 씻고, 돗자리에 잘 말려야 쿠키를 만들 수 있습니다. 지글지글 낙엽 스낵을 구워 줍니다.
완성된 낙엽스낵은 애벌레, 멧돼지, 토끼, 다람쥐, 고양이와 함께 나누어 먹으며 온 숲이 바삭바삭 행복한 가을날입니다.

흥미 유발 하브루타

선생님: 무엇이 보입니까?

(1조 친구들이 보이는 것을 한 명씩 발표)

유아1: 낙엽이 보입니다. 낙엽이 보입니까?

유아2: 곰이 보입니다. 곰이 보입니까?

유아3: 다람쥐가 보입니다. 다람쥐가 보입니까?

유아4: 돼지가 보입니다. 돼지가 보입니까?

유아5: 낙엽 뒤에 숨은 토끼가 보입니다. 숨은 토끼가 보입니까?

선생님: 그럼 다 같이 짝꿍 손을 잡아라~ 얍! 손이 아래에 있는 친구가 먼저 질문합니다. 친구야, 너는 무엇이 보이니?

 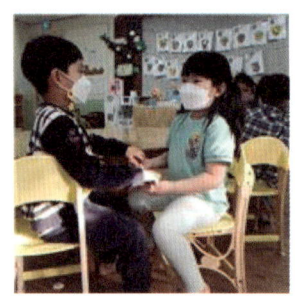

마음 하브루타 (공감)

선생님: 낙엽을 줍는 아기 곰의 기분은 어때 보이니?

친구들: 즐거워 보여요.

가을이 와서 즐거운 것 같아요.

설레여 보여요.

유아1: 왜 동물 친구들은 다들 아기 곰의 낙엽스낵을 먹고 싶어 할까?

친구들: 지글지글 맛있는 소리가 나서.

배가 고파서.

곰이랑 친해지고 싶어서.

유아2: 곰은 친구들에게 나누어 주고 싶어서 낙엽스낵을 만들었을까? 곰은 낙엽스낵을 왜 많이 만들었을까?

친구들: 자기도 먹고 싶어서 그런 것 같아.

많이 만들어서 같이 먹고 싶었을 것 같아.

유아: 동물 친구들이 낙엽스낵을 먹고 싶어 했을 때 아기 곰의 마음은 어땠을까?

친구들: 아기 곰은 같이 먹고 싶어 하는 것 같아.

친구들이 도와줘서 같이 나눠주고 싶었던 것 같아.

선생님: 만약에 곰이 낙엽스낵을 같이 먹는 걸 거절했다면 애벌레는 어땠을까?

친구들: 상처 받았을 것 같아요.

거절하지 않았을 것 같아요.

나도 맛있는 거 만들어서 안 줬을 것 같아요.

생각 하브루타 (창의)

선생님: 아기 곰과 동물 친구들에게 가을은 어떤 계절일까? 동물들에게 소중한 자연을 지켜주기 위해 우리는 어떻게 해야 할까?

친구들: 예쁜 낙엽을 볼 수 있고, 동물들이 살 수 있는 곳이에요.

우리가 산에 가면 열매를 다 따오지 않아야 해요.

동물들이 먹을 것을 남겨줘야 해요.

산에 가서 쓰레기를 버리지 말아야 해요.

동물을 지켜줘야 해요.

선생님: 곰은 왜 낙엽스낵을 만들었을까?

친구들: 숲속에서 제일 구하기 쉬운 재료라서요.

낙엽이 예뻐서 예쁜 음식이 먹고 싶어서요.

곰이 겨울잠을 자기 전에 먹기 위해서요.

선생님: 내가 만약 곰이라면 낙엽으로 어떤 다른 음식을 만들 수 있을까?

친구들: 낙엽으로 전을 구워도 예쁠 것 같아요.

낙엽 피자를 만들어 볼래요.
낙엽 빵을 구워 줄 거예요.

적용 하브루타

선생님: 나라면 친구들이 먹고 싶어 할 때 어떻게 할까? 먼저 친구에게 같이 먹자고 이야기해 줄 수 있었을까?
친구들: 나엽스내음 나누어 먹을 수 있을 것 같아요
같이 만들어 먹자고 할 것 같아요.
저는 친구들과 나누어 먹고 싶어서 제가 좋아하는 과자 사와서 같이 먹었어요.

선생님: 나도 아기 곰처럼 우리 반 친구들을 위해 할 수 있는 일은 무엇이 있을까?
친구들: 내가 좋아하는 것을 나누어 줘요.
친구들이 밍꼬발랄 스티커 하고 싶어 했는데 친구를 위해 직접 프린터 해서 만들어 줬어요.
친구가 혼자 장난감 정리할 때 내가 도와 줬어요.

선생님: 그럼 우리 친구들은 친구가 좋아하는 일이 무엇일지

생각해 본적이 있나요? 오늘 하루 우리 반 친구를 위해 비밀 친구가 되어볼까요? (놀이 제안)

표현 하브루타

유아들은 떨어지는 교실 밖 낙엽을 보며 자신도 곰처럼 낙엽을 돗자리에 모아보고 싶다고 이야기하였습니다. 밖으로 나가 가을을 느끼기 위해 돗자리를 펼치고 동물 친구들처럼 낙엽을 모았습니다.

낙엽을 이용한 동물 친구들을 만들자고 한 친구가 제안을 했습니다. '숲속에 이 친구들 말고 또 다른 동물 친구들은 누가 있었을까?'로 확장되어 교실에 있는 휴지심과 낙엽을 이용하여 동물 친구들을 다양한 방법으로 표현해 보았습니다.

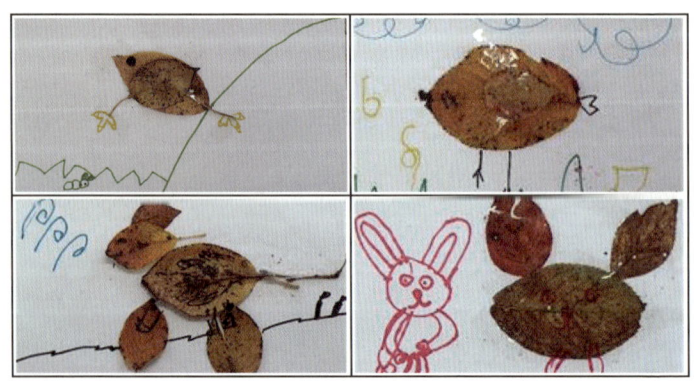

5. 가정 내 질문놀이 사례(유아)
-엄마와 예나(만 5세), 예인(만 4세)

친구가 미운 날

가사이 마리 지음 (책읽는 곰)

하나네 집에서 유우가 그림 그리는 숙제를 함께 하기로 했습니다. 유우가 흰색 크레용을 빌려 달라고 했습니다. 낡은 색 칠하던 유우는 흰색 크레용이 부족했습니다. 하나는 난처합니다. 우물쭈물 망설이다 단짝 친구 하나의 부탁이니 빌려 줍니다. 그런데 그때 뚝! 하얀 새 크레용이 부러지고 말았습니다. 하나는 아무 말도 하지 못했습니다. 하나와 유우는 계속 친한 친구로 지낼 수 있었을까요?

흥미 유발 하브루타

엄마: 그림을 보세요. 무슨 일이 일어나고 있을까?

예인: 엉망진창 일이 일어날 것 같아요.

엄마: 왜 그렇게 생각해?

예인: 힘을 꽉 주고 그림을 그리고 있잖아. 한 명은 입이 이쁘고, 한 명은 삐쭉하고 뿌지직해요. 그래서 어질어질 꾸미

는 일이 생겨. 둘이 친구인데 기분이 나쁜 것 같아요.

엄마: 무엇을 보고 그렇게 생각했어?

예나: 같이 있는데 표정이 안 좋아.

엄마: 또 무엇을 알 수 있을까?

예나: 그림이 안 그려져서 화난 것 같아요. 아니 혼나서 기분이 안 좋은데 그림을 그리는 것 같아요.

엄마: 무슨 일이 있는 것일까? 점점 궁금하지? 그림책 안으로 들어가 볼까?

내용 이해 하브루타

엄마: 오늘 이야기에서 주인공은 누구일까?

예나: 하나요. 왜냐하면 하나가 계속 말을 해요.

엄마: 하나가 계속 말을 했구나. 그럼 하나가 원하는 것은 무엇이었을까? 하나는 어떻게 하고 싶었을까?

예나: 하나는 자기의 그림을 아주 잘 그리고 싶었어요.

엄마: 그런데 무엇이 문제가 되었을까?

예나: 하나는 속상해진 마음이 문제고, 유우는 새 크레용을

부러트린게 문제야. 유우는 왜 하나가 자기에게 말을 안 하는지 궁금하고 하나는 계속 속상했을 것 같아요.

엄마: 하나와 유우는 이 문제를 어떻게 해결했을까?
예나: 하나는 다른 친구들보다 유우랑 제일 친하니까 망설이다가 큰 소리로 얘기했어.

마음 하브루타 (공감)

엄마: 왜 하나는 쓰던 크레용이 아니라 새 크레용을 꺼냈을까? 쓰던 것을 꺼냈으면 속상할 일도 없었을 것 같은데. 어떻게 생각해?
예나: 친한 친구니까 새 크레용을 꺼낸 거지.
엄마: 하나는 유우랑 같이 그림 그릴 때 마음이 어땠을까?
예나: 하나는 마음이 콩닥콩닥 떨렸을 것 같아. 세게 그리는 것을 봤으니까.

엄마: 하나는 유우가 어떻게 하길 바랐을까?
예나: 세게 꽉~~눌러서 그림 그리지 말고 이렇게(흉내내며) 살살 색칠하길 바랐을 것 같아.

엄마: 속상하면서 왜 하나는 유우가 그림을 세게 그릴 때 표현하지 못했을까?
예나: 얘기하면 유우가 그림을 못 그리고 망치게 될까 봐.
엄마: 아~ 하나는 유우가 그림 못 그리고 망치게 될까 봐 말을 못하고 속상했구나.
예나: 응.

적용하기 하브루타

엄마: 만약에 그림 그리다 친구 지민이가 예나 크레파스를 부러트리면 어떨 것 같아?
예나: 기분 안 좋고, 속상할 거야.
엄마: 그럼 예나의 속마음을 어떻게 전할 수 있을까? 어떤 방법이 있을까?
예나: 난 이렇게 밖에 보고 "악~!!" 하고 소리 지를 거야.
엄마: 소리 지르는 걸로 지민이가 예나의 속마음을 모르면? 그땐 어떤 방법이 있을까?
예나: 난 선생님한테 말할 거야. 그리고 "지민아 내 꺼가 부러져서 난 기분이 안 좋아. 다음부터는 그러지마"라고 얘기할 거야.

엄마: 기분이 좋지 않을 때 어떤 생각이 기분 좋게 만들 수 있을까? 또 나를 기분 좋게 만드는 것들은 무엇이야? 우리 그림으로 그려볼까?

글을 마치며……지금, 할 수 있는 것부터, 꾸준히

6장에서는 가정과 교육 현장에서 공감과 창의성을 높이는 하브루타 모형으로 질문놀이 한 사례들을 소개했습니다. 새로이 시작하는 분들에게 지침이 되기를 바라는 마음에서요. 아직은 익숙하지 않지만 곧 공감과 창의성 질문놀이가 널리 활용되기를 기대해 봅니다.

하브루타 특강을 하면 그 필요성과 효과에 놀라는 사람들이 참 많습니다. 그러나 바로 지금, 할 수 있는 것부터 적용하는 사람은 많지 않습니다. 좋은 열매를 맺기 위해 꾸준한 노력이 필요하듯, 하브루타 질문놀이 또한 작은 시작과 꾸준함이 답입니다. 부모나 교사가 하브루타 교육을 듣고 아이에게 몇 번 보여주는 것으로 만족을 바라신다면 그것은 마법입니다.

하브루타는 가정과 교육 현장에 공감과 창의성의 새로운 시선을 열어줄 존중의 교육문화입니다. 교육문화는 스미고 번지는데 반드시 시간이 필요합니다. 지금, 가장 쉽게 시작할 수 있는 그림책으로, 아이와 질문놀이를 시작하세요. 즐겁게 질문놀이 하는 동안 자녀의 미래 사회 필수 역량, 공감 능력과 창의성이 저절로 길러지게 될 것을 기대합니다.